Dieses Buch gehört:

____

____

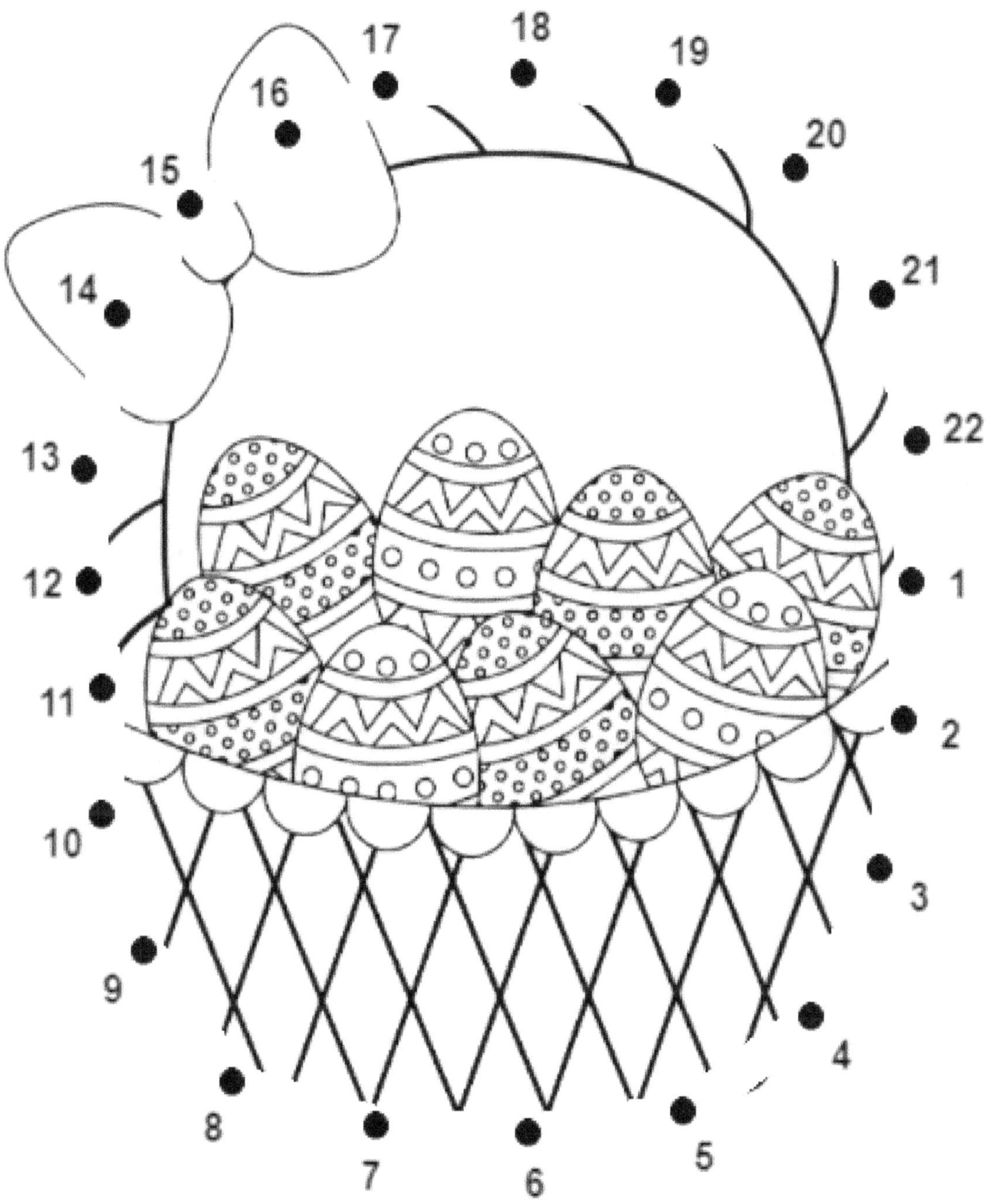

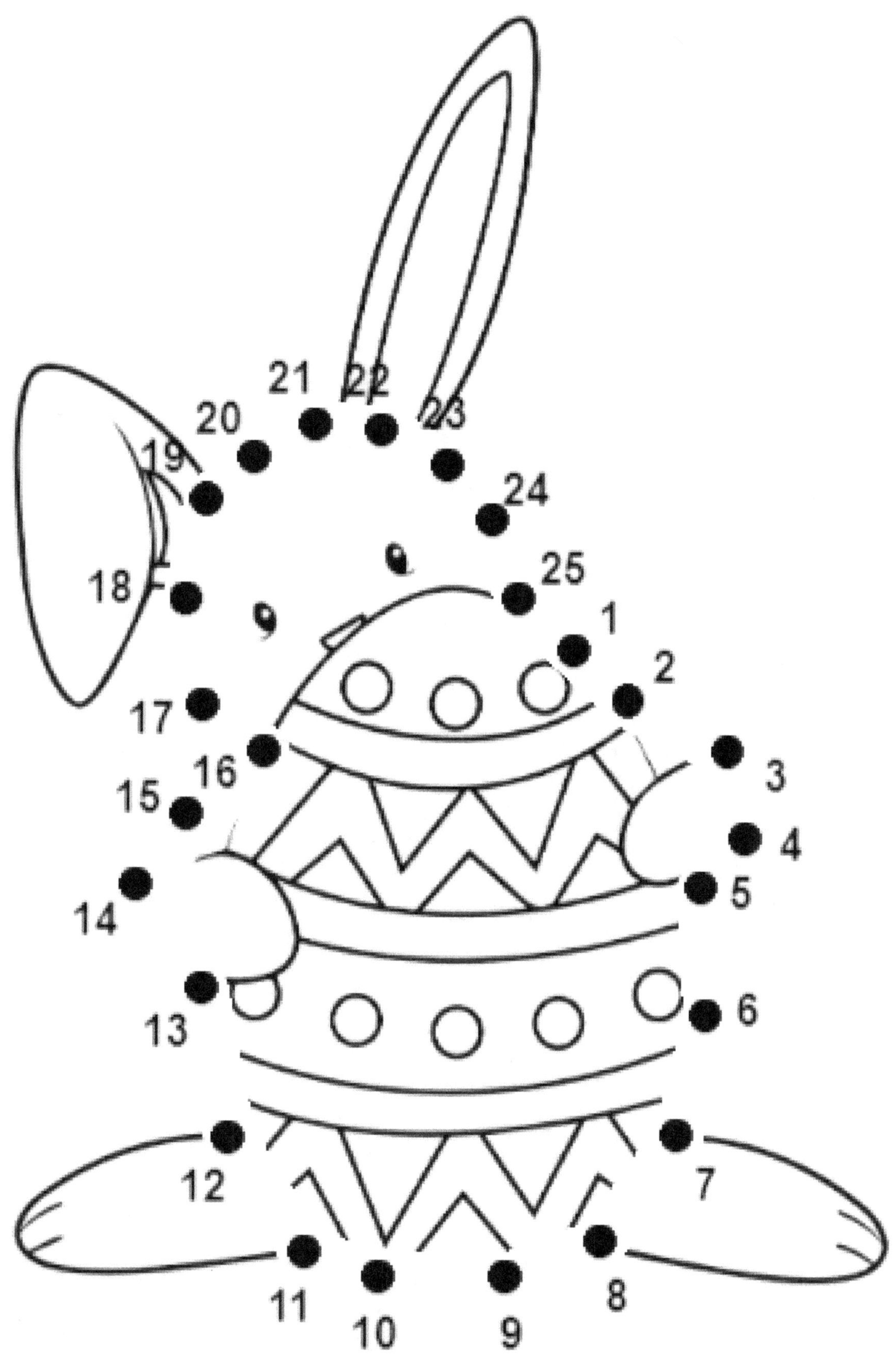

21
22
23
20
24
19
25
18
1
2
3
4
5
17
16
15
14
6
13
12
7
11
10
9
8

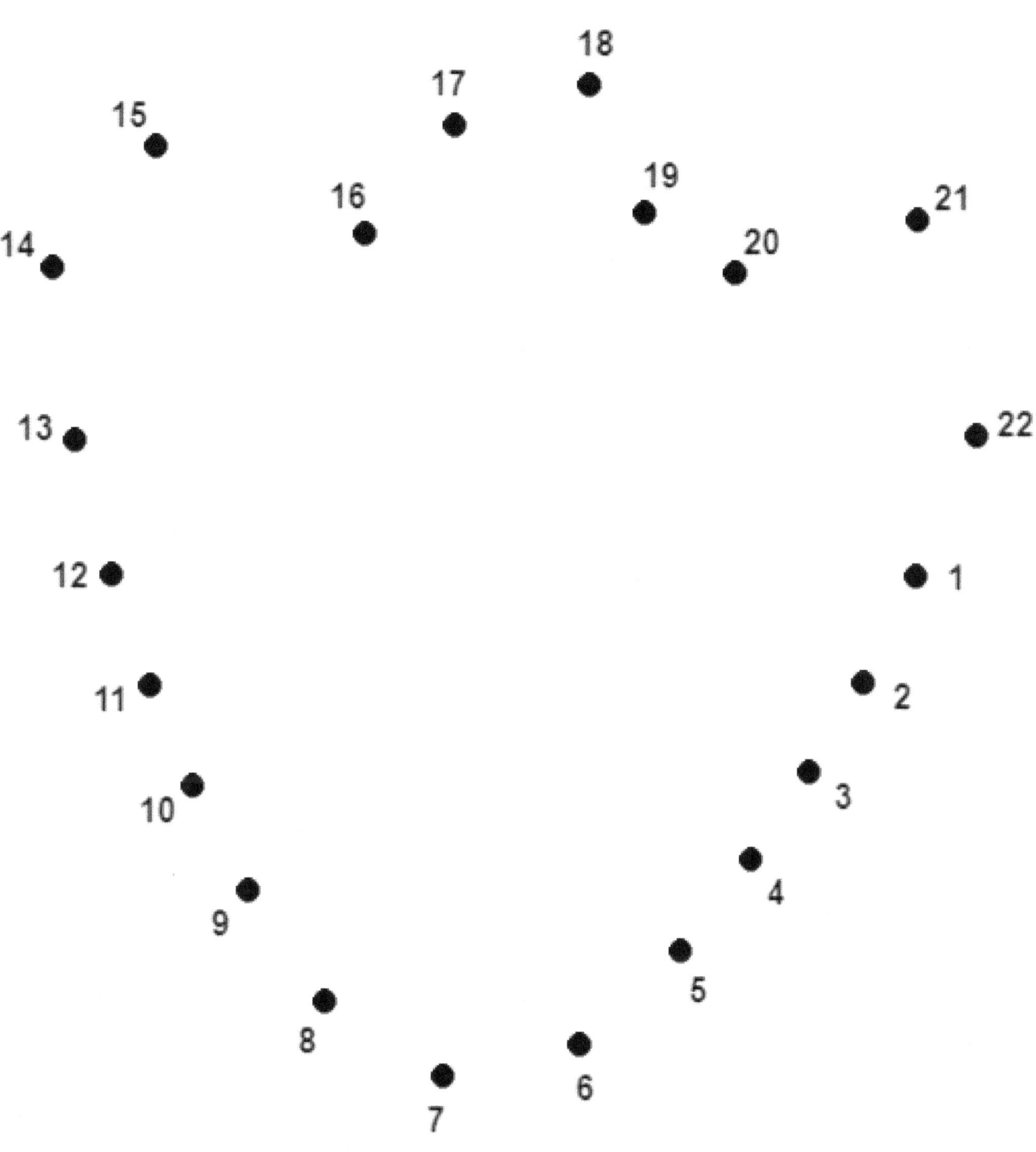

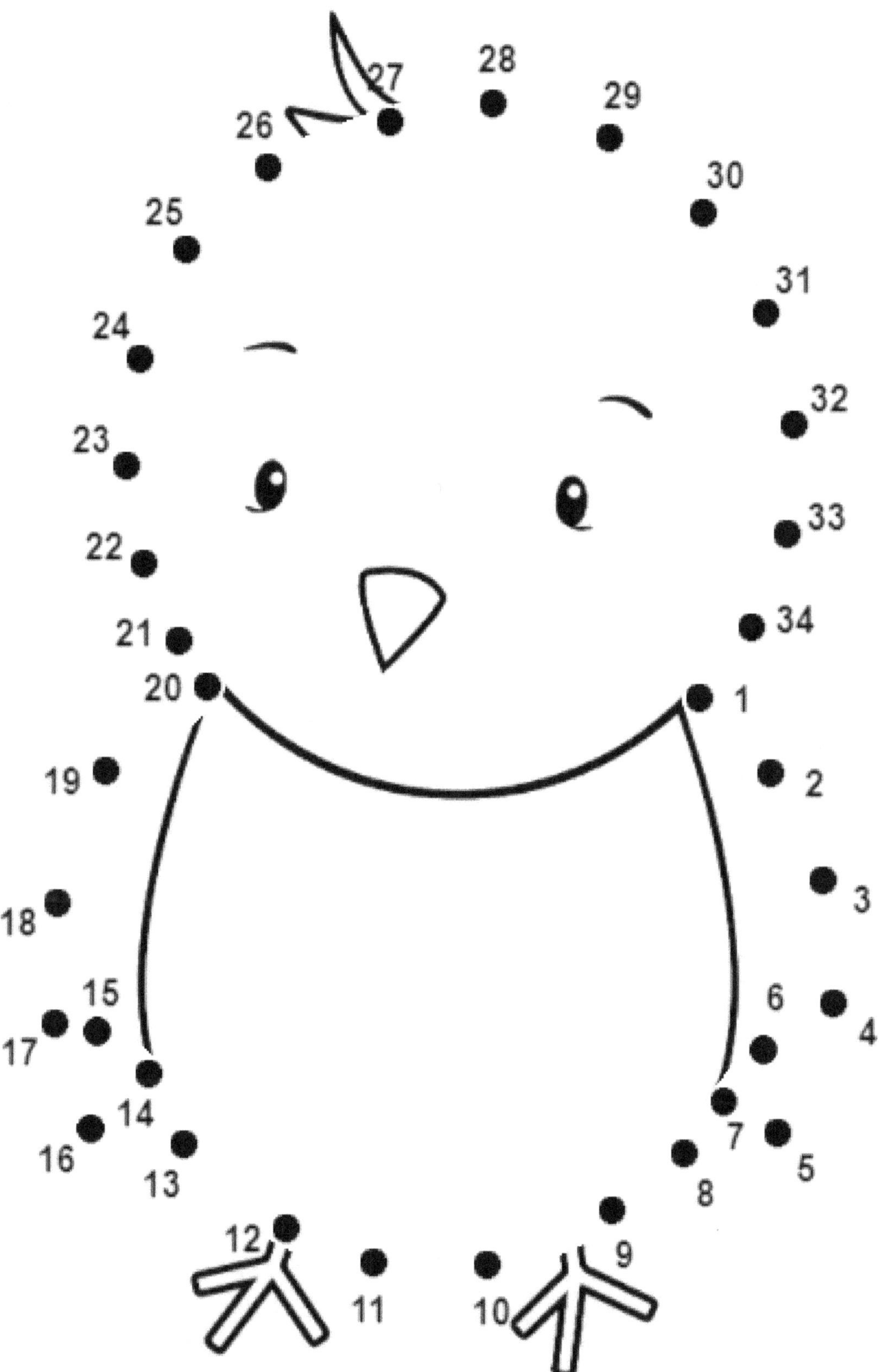

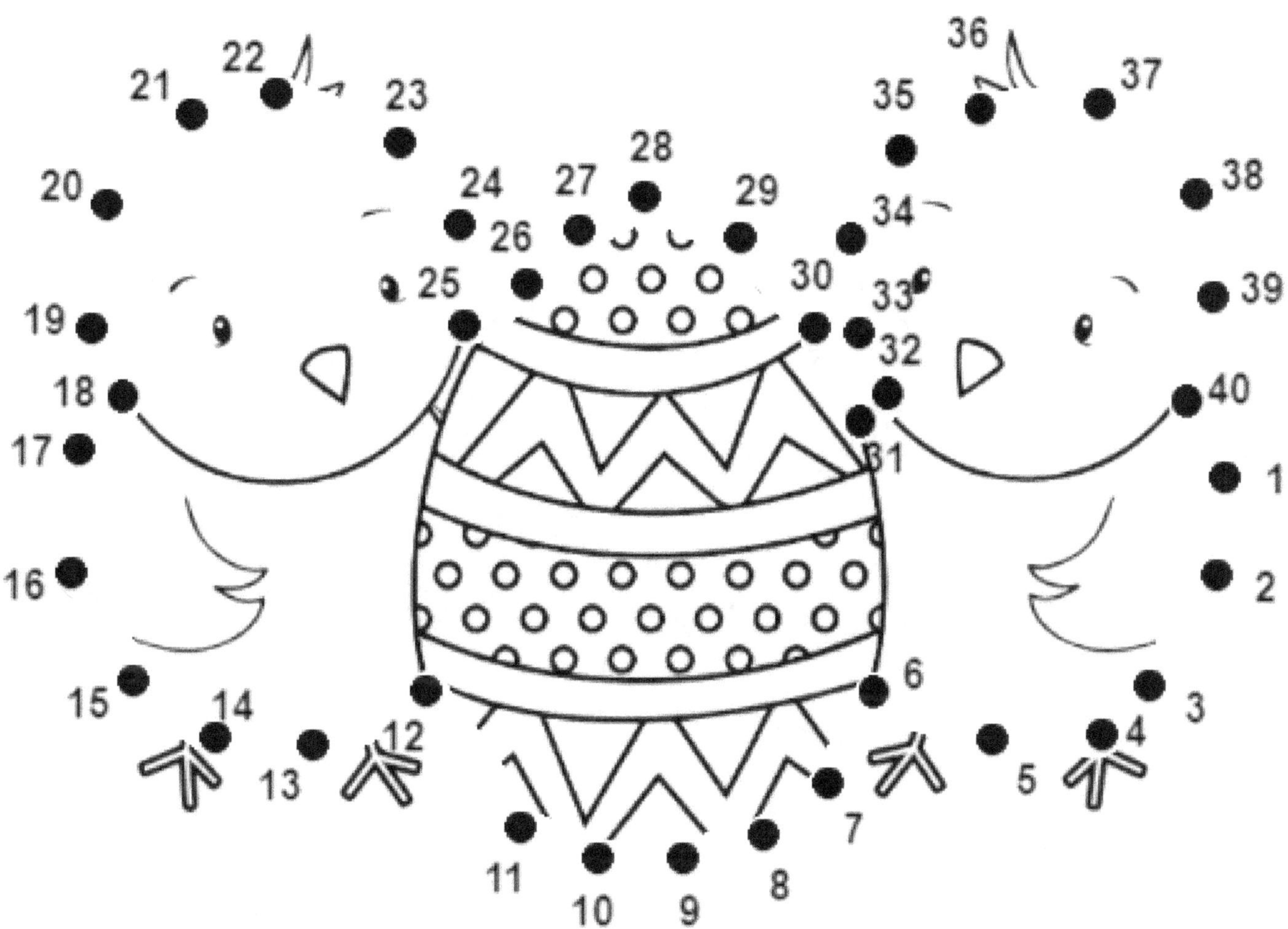

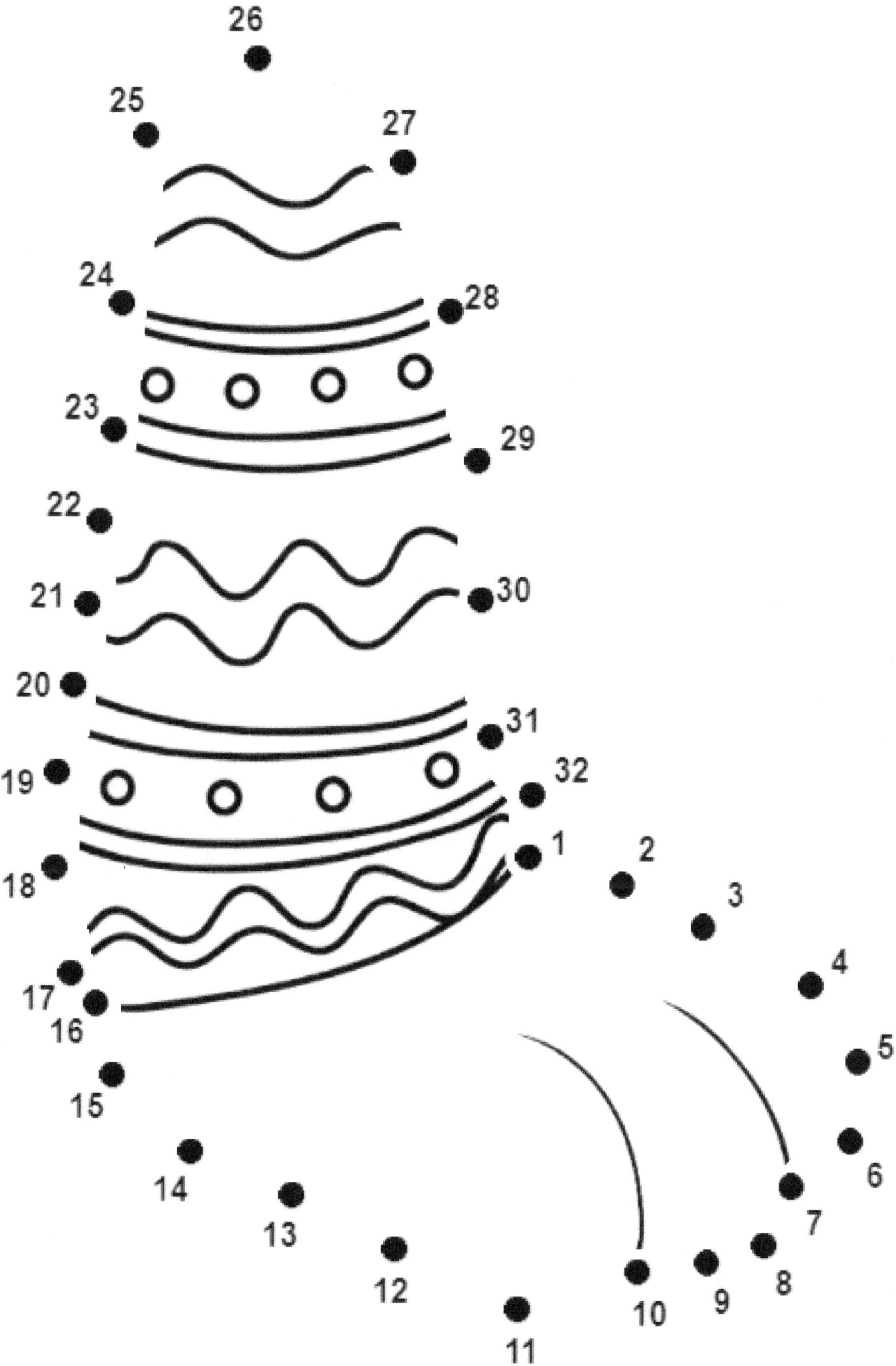

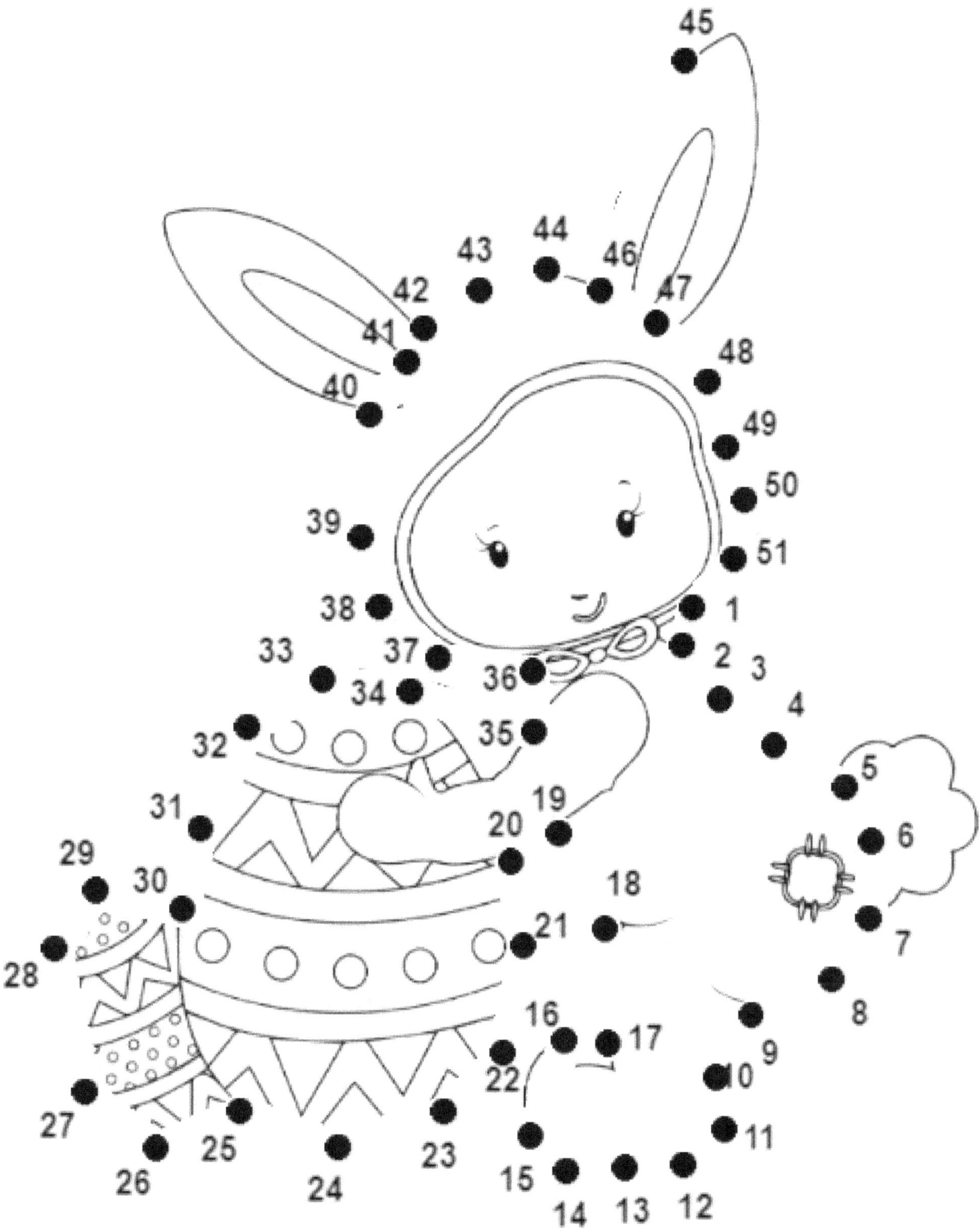

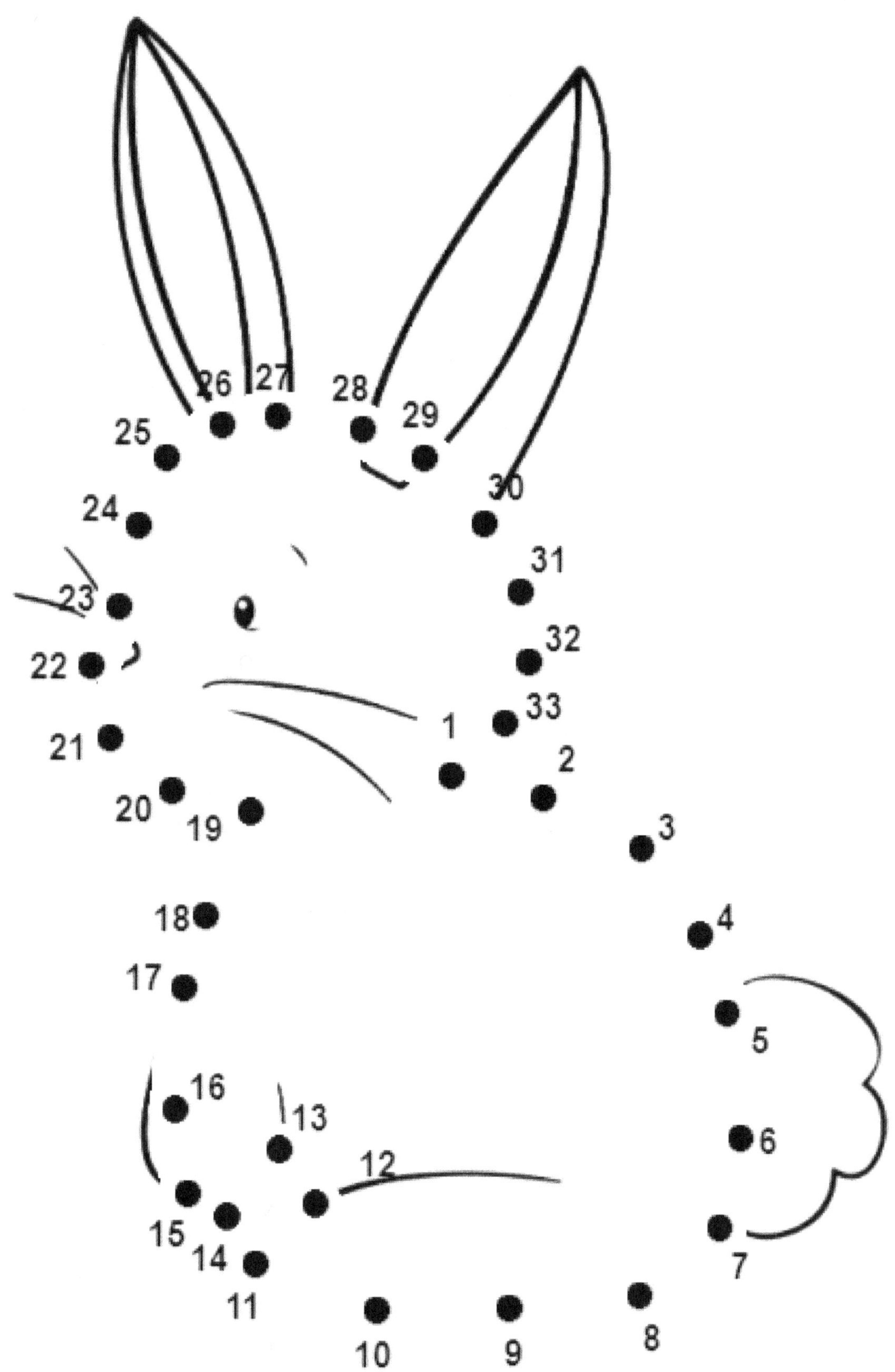

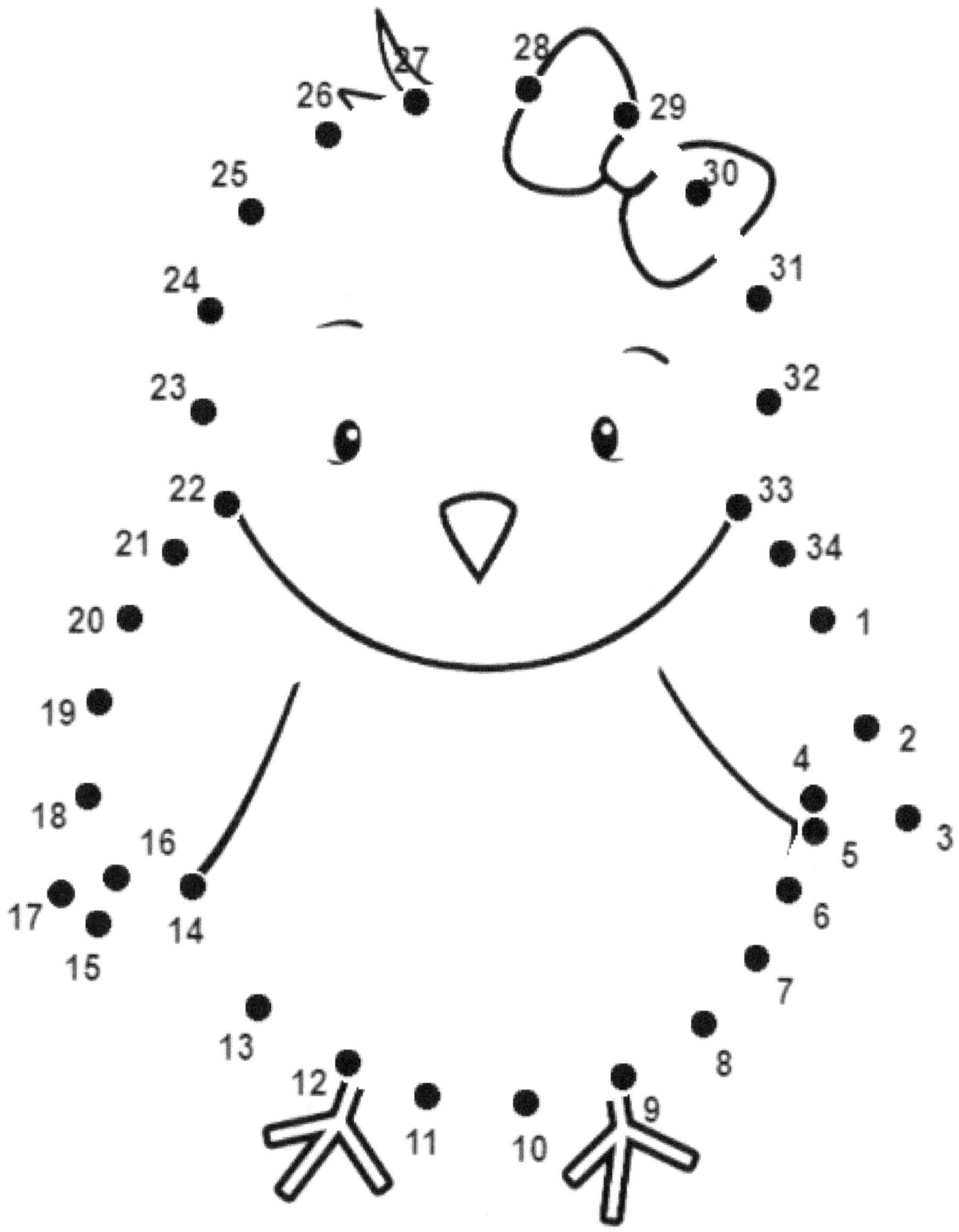

1
2
3
4
5
6
7
8
9
10
11
12
13
14
15
16
17
18
19
20
21
22
23
24
25
26
27
28
29
30
31
32
33
34

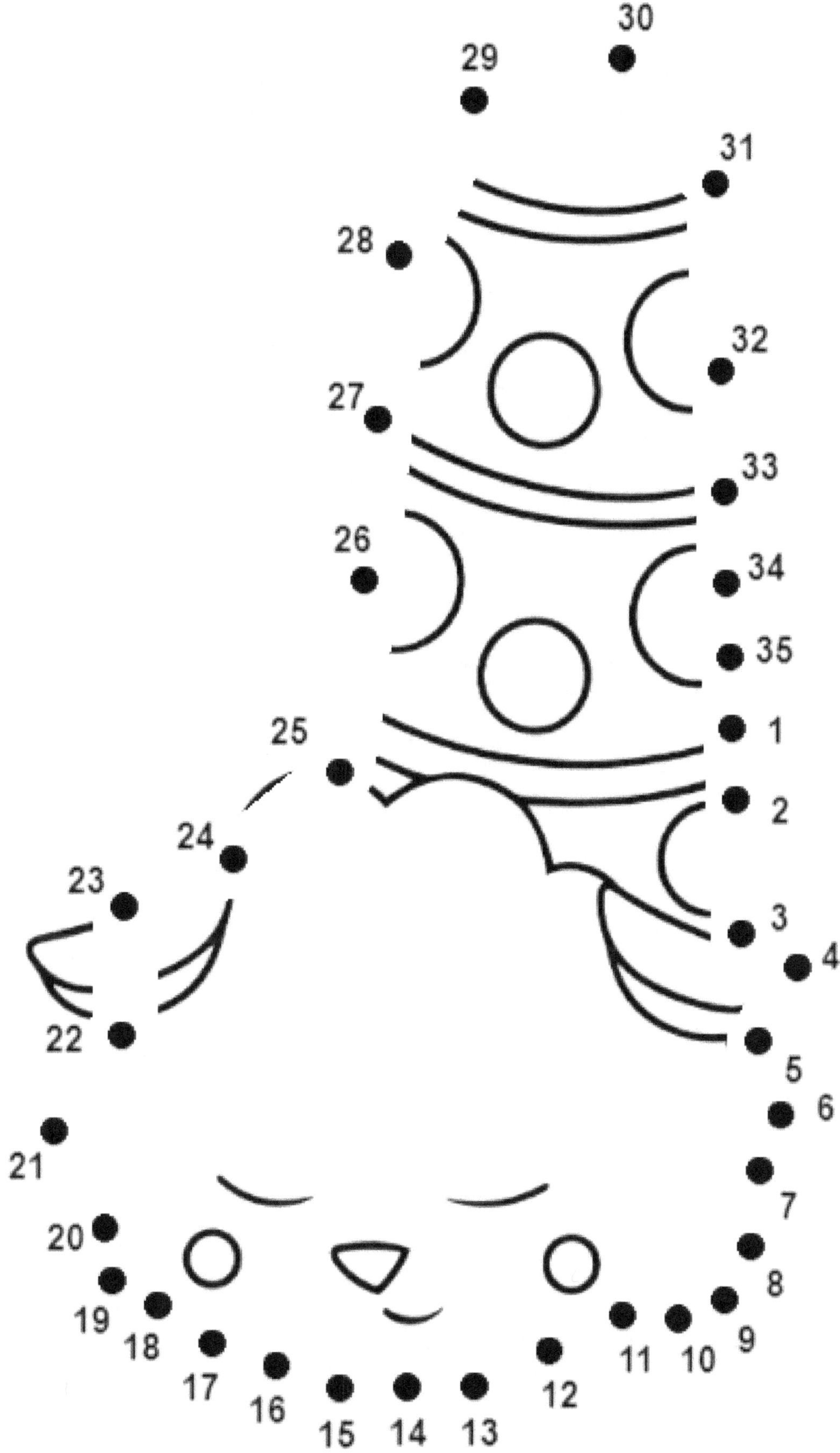

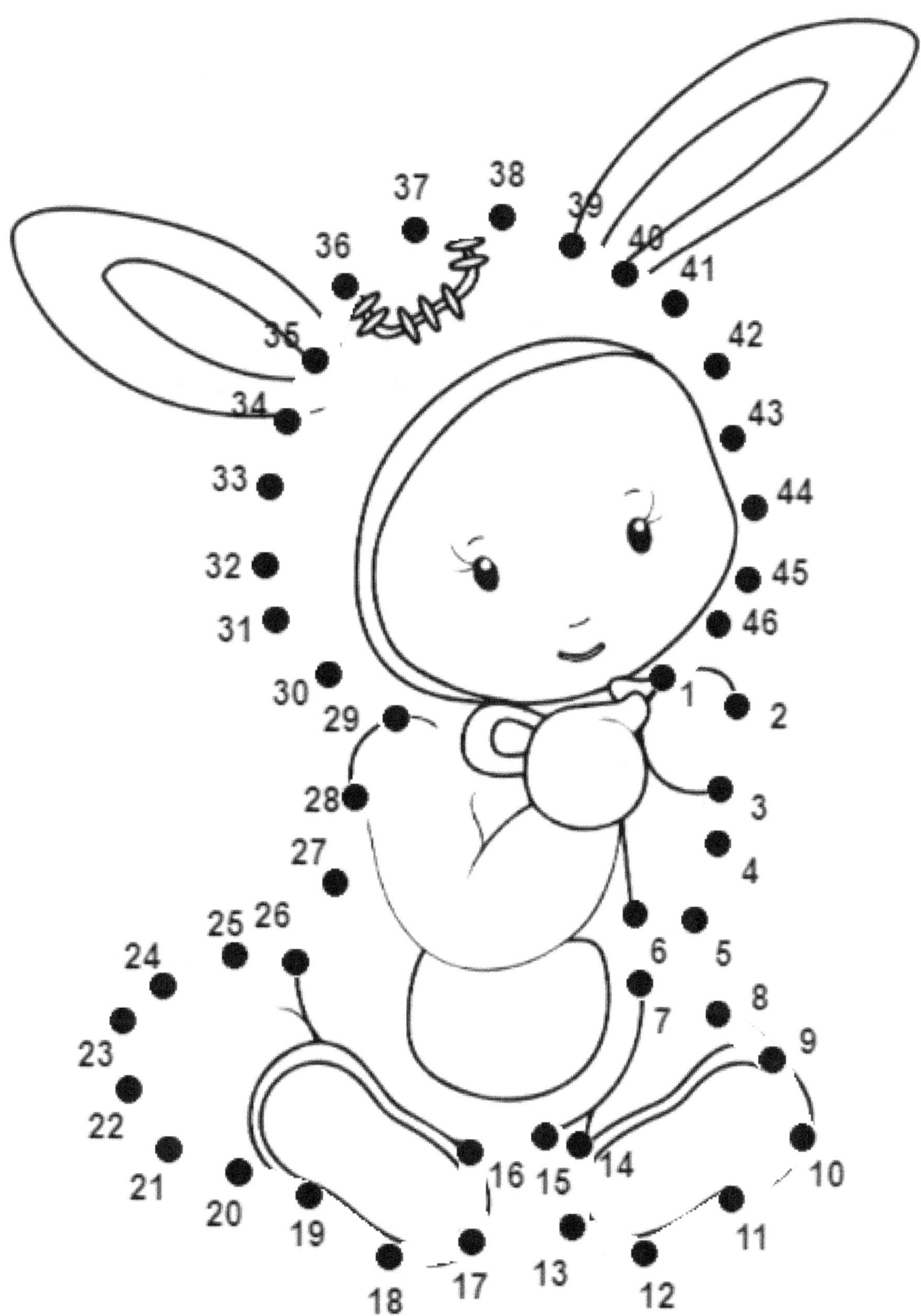

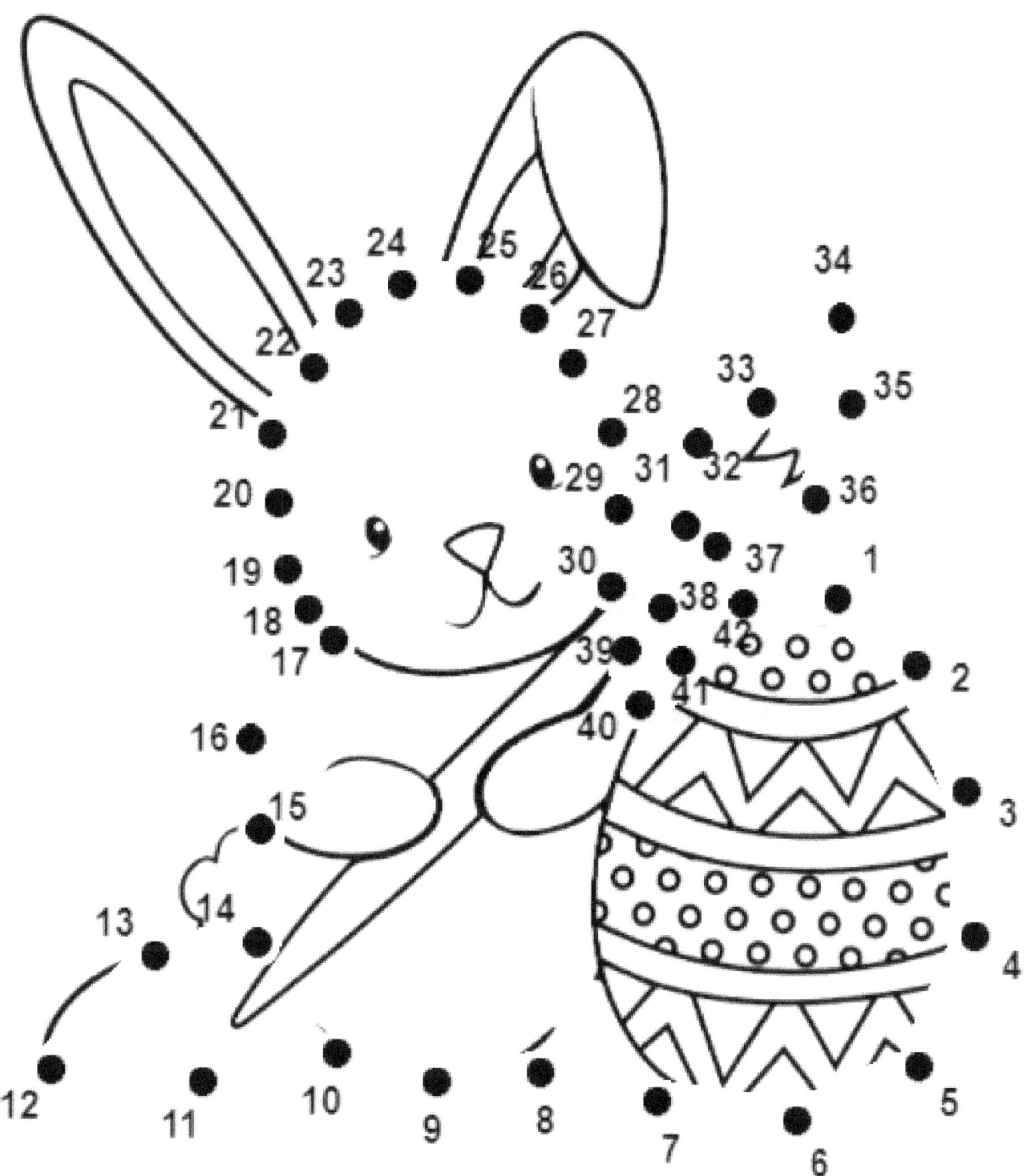

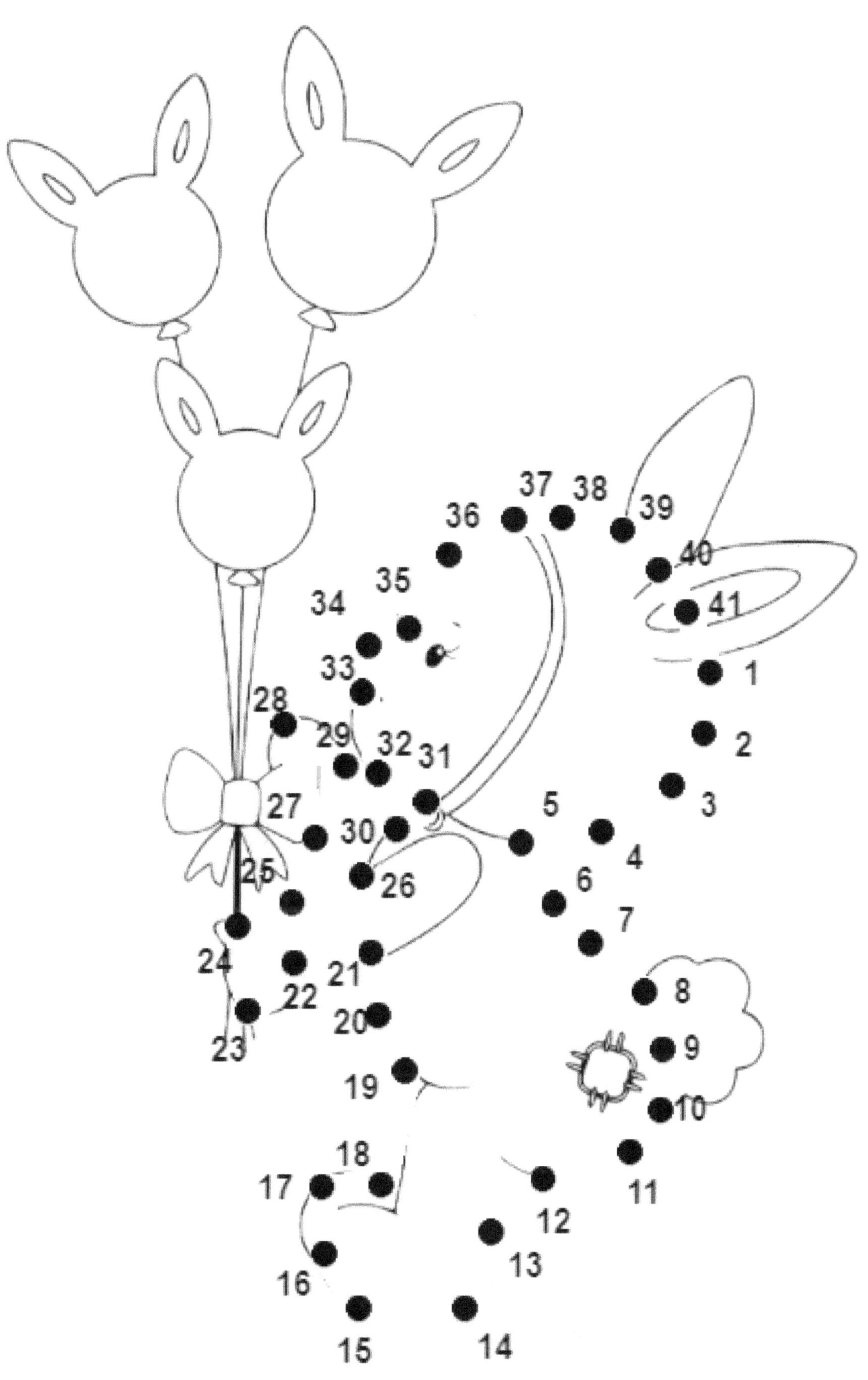

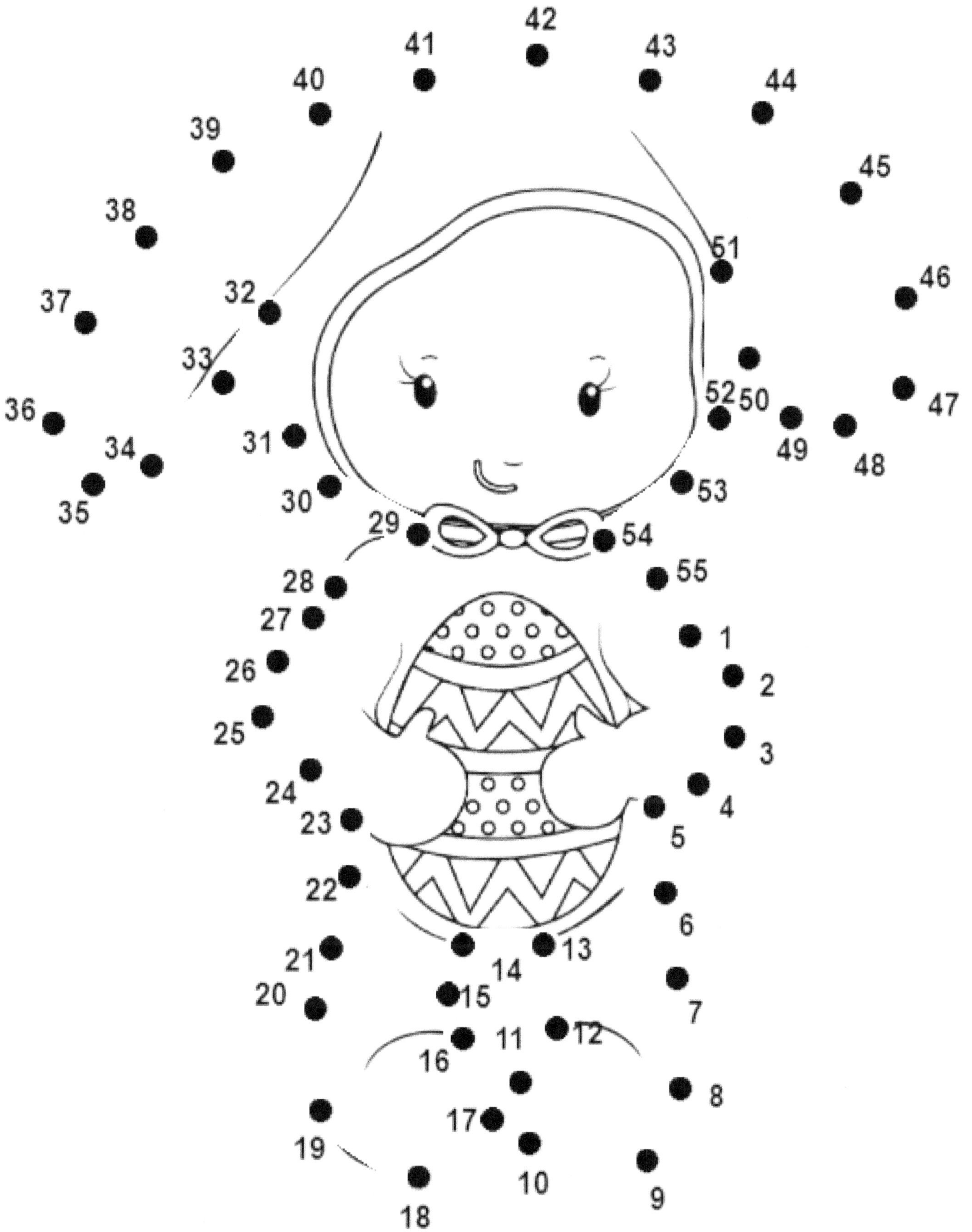

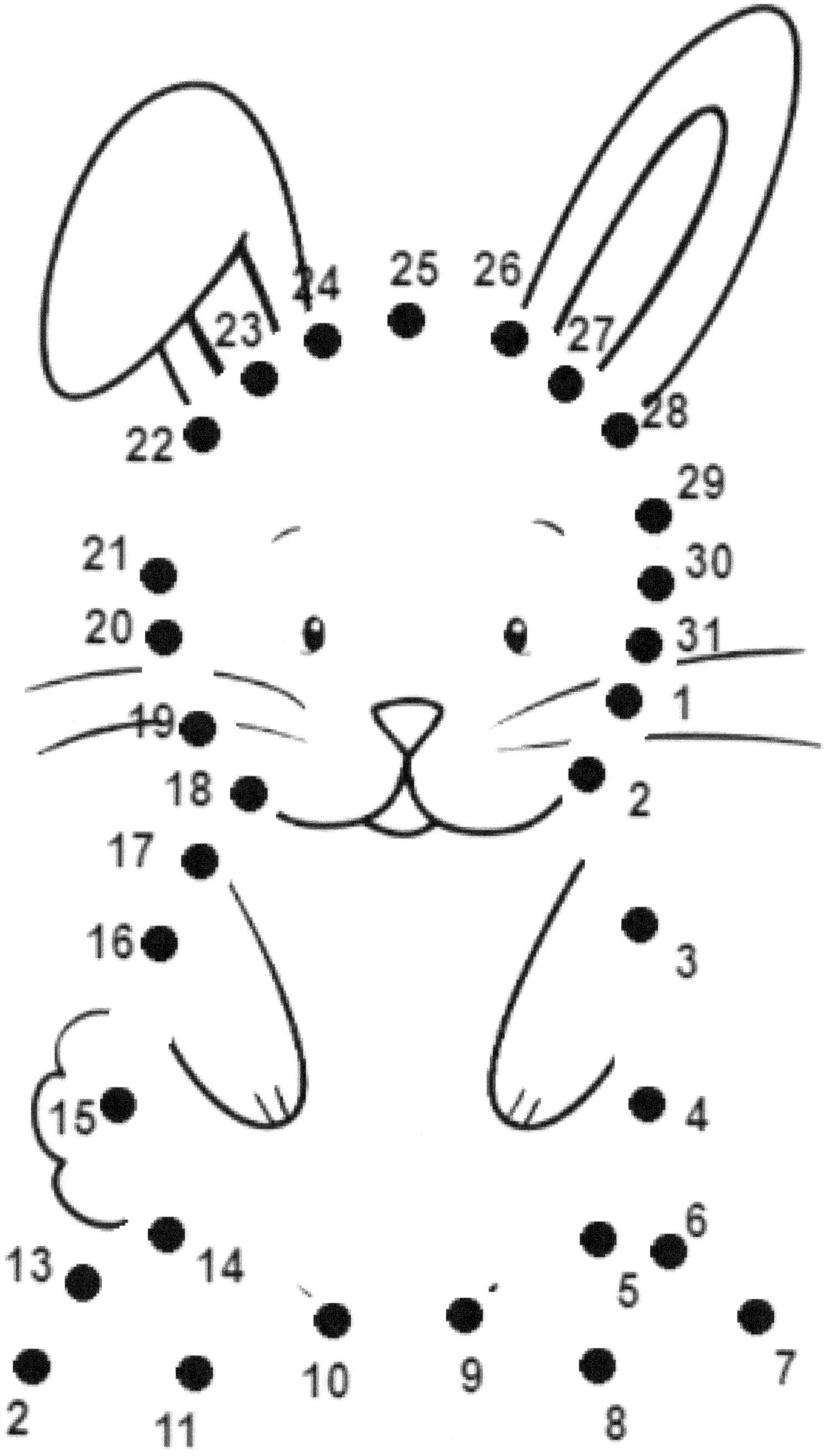

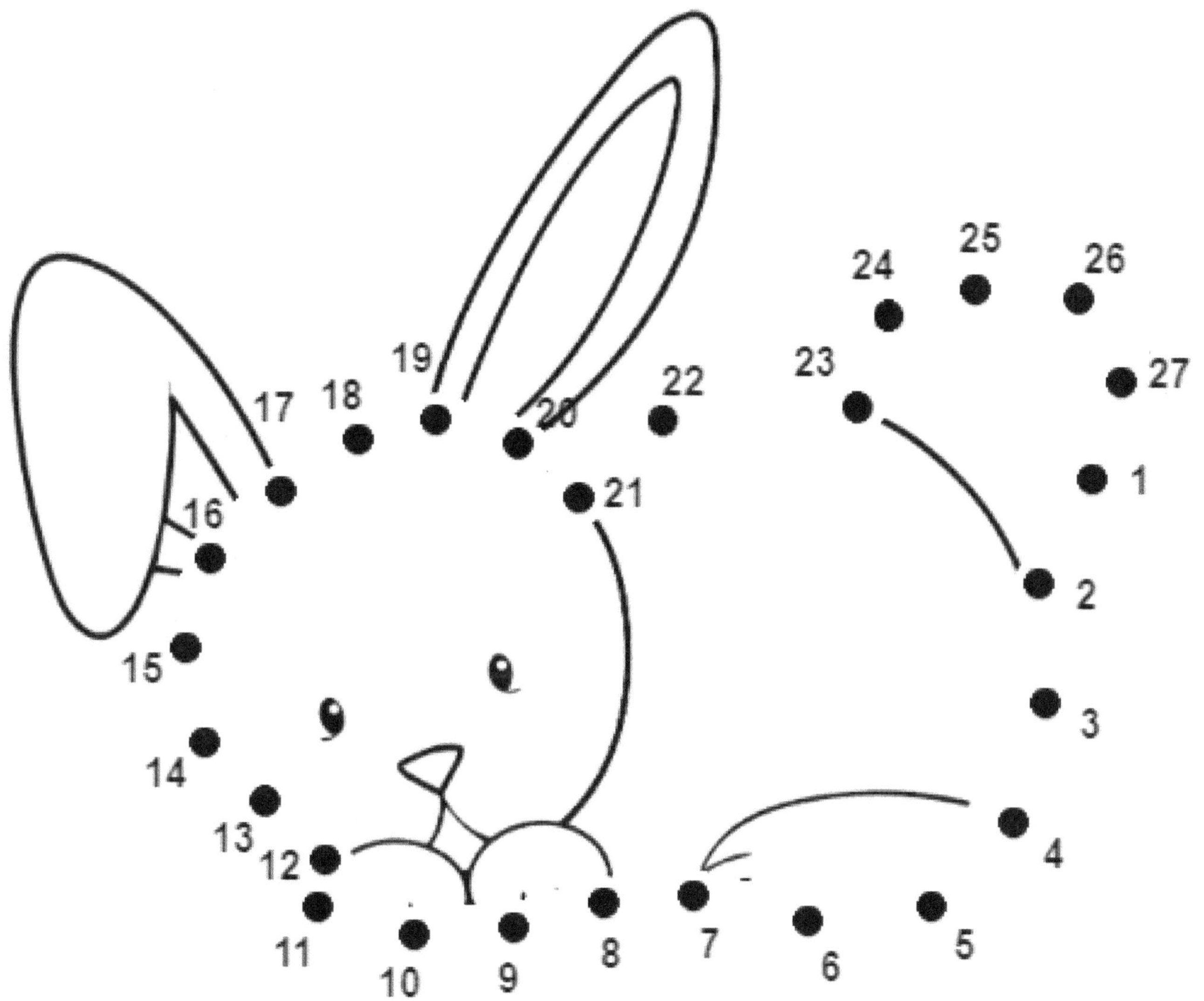

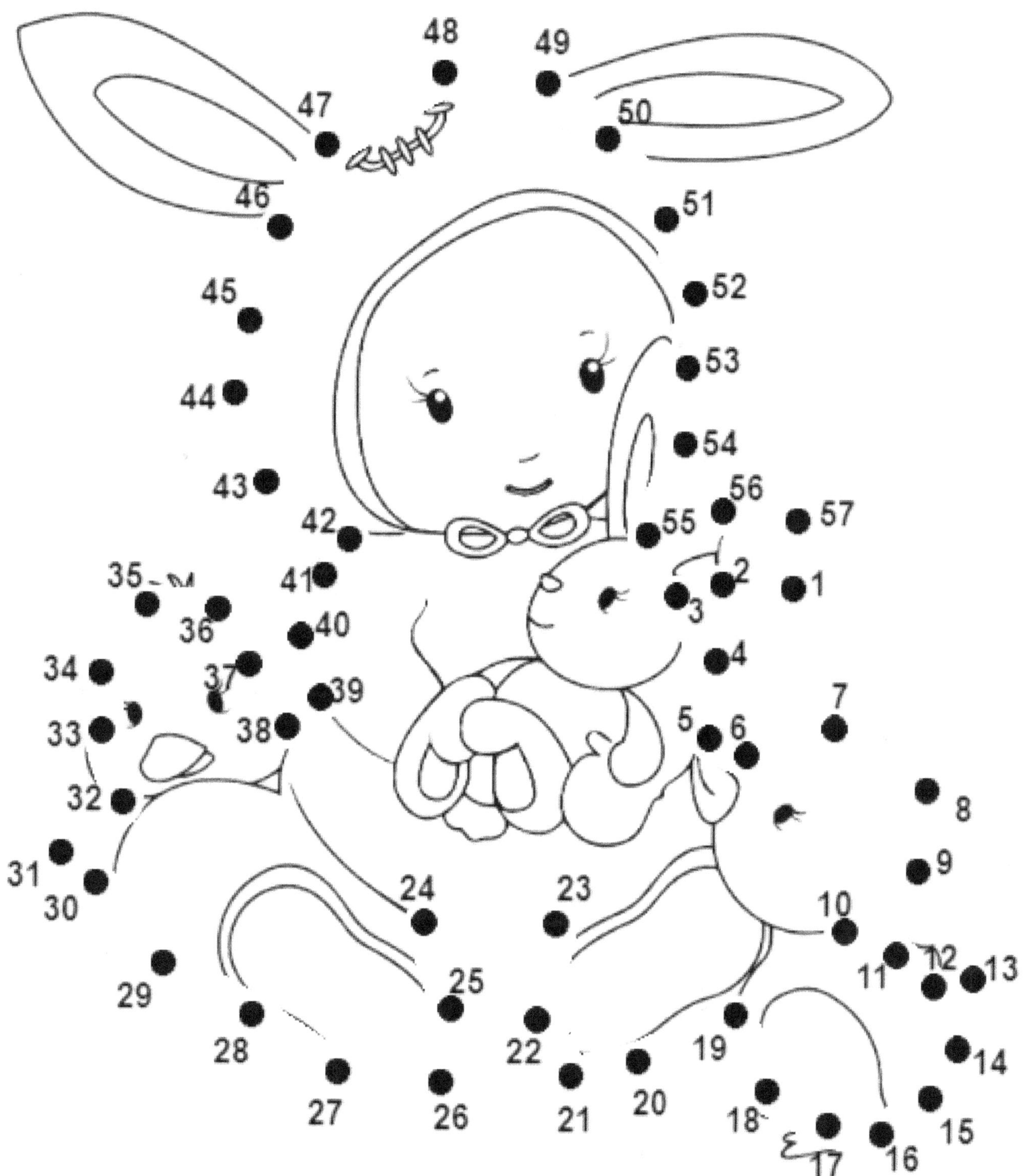

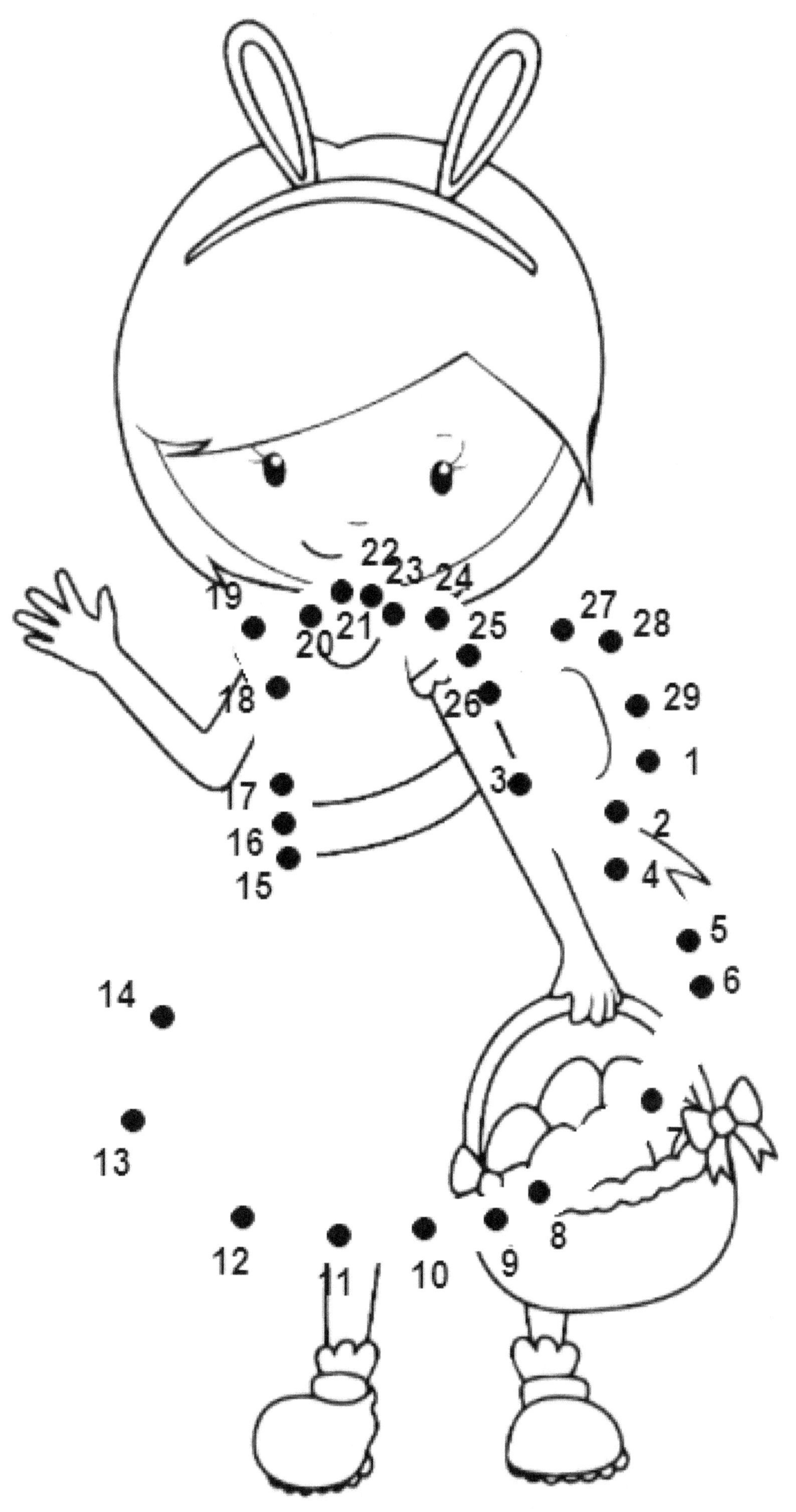

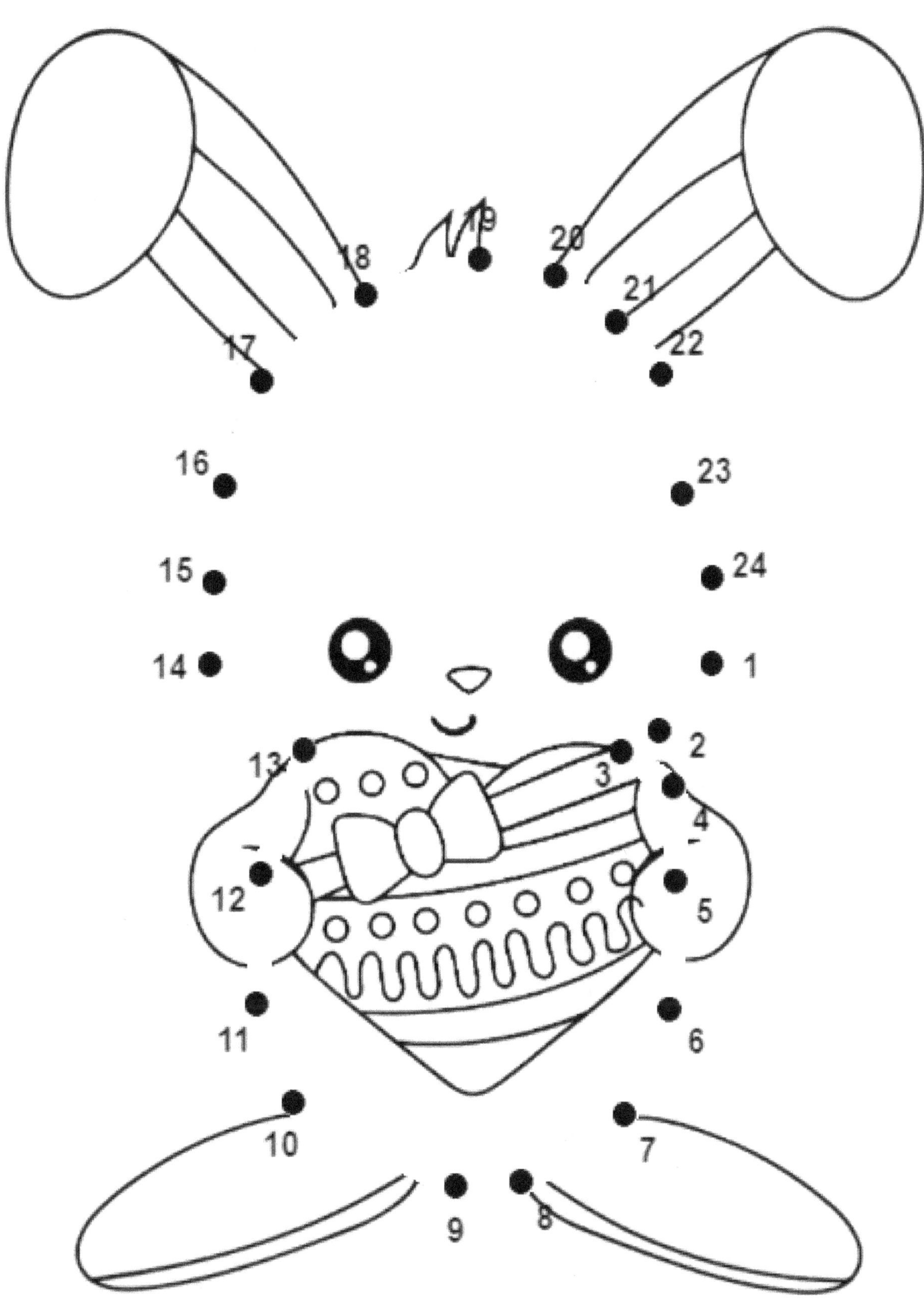

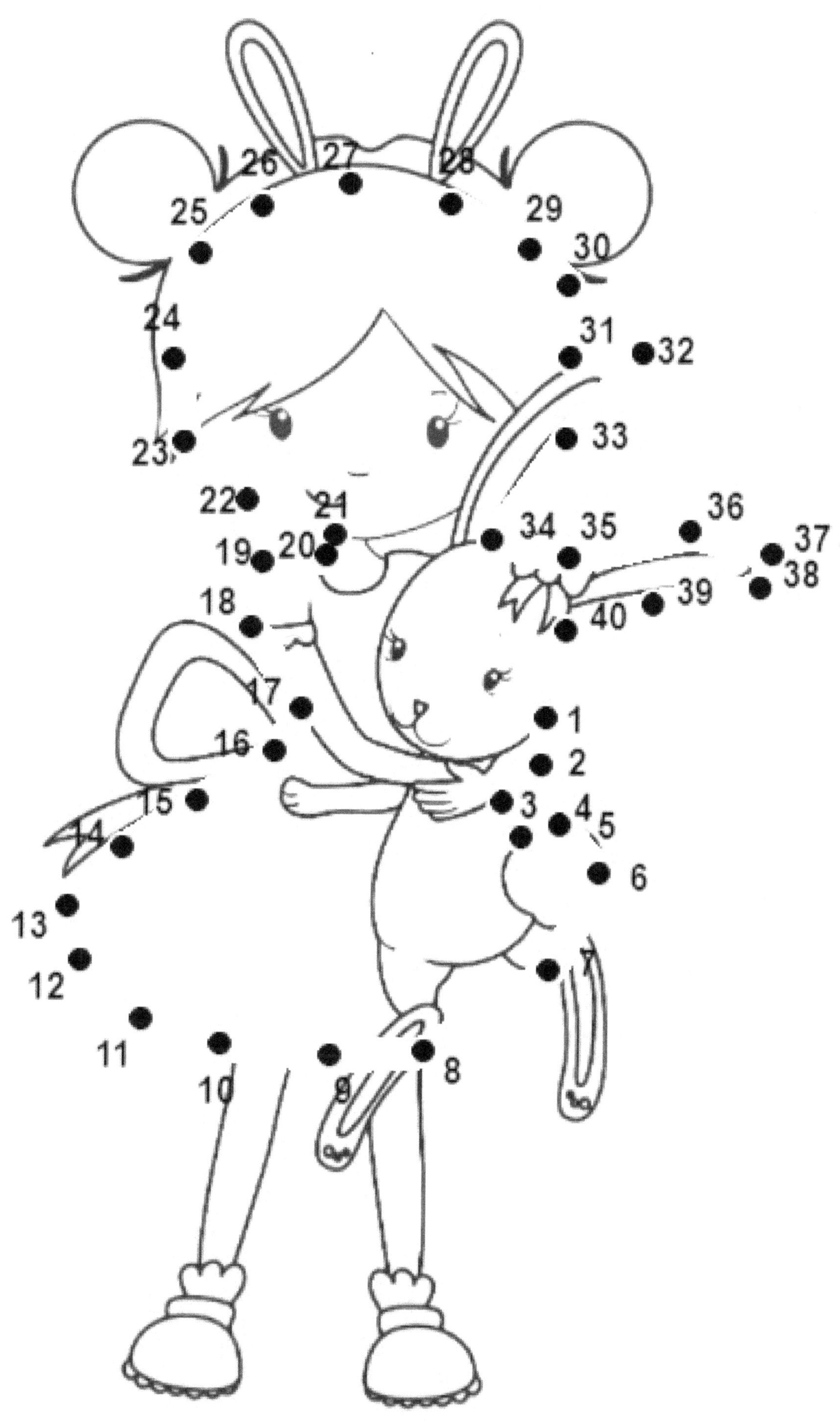

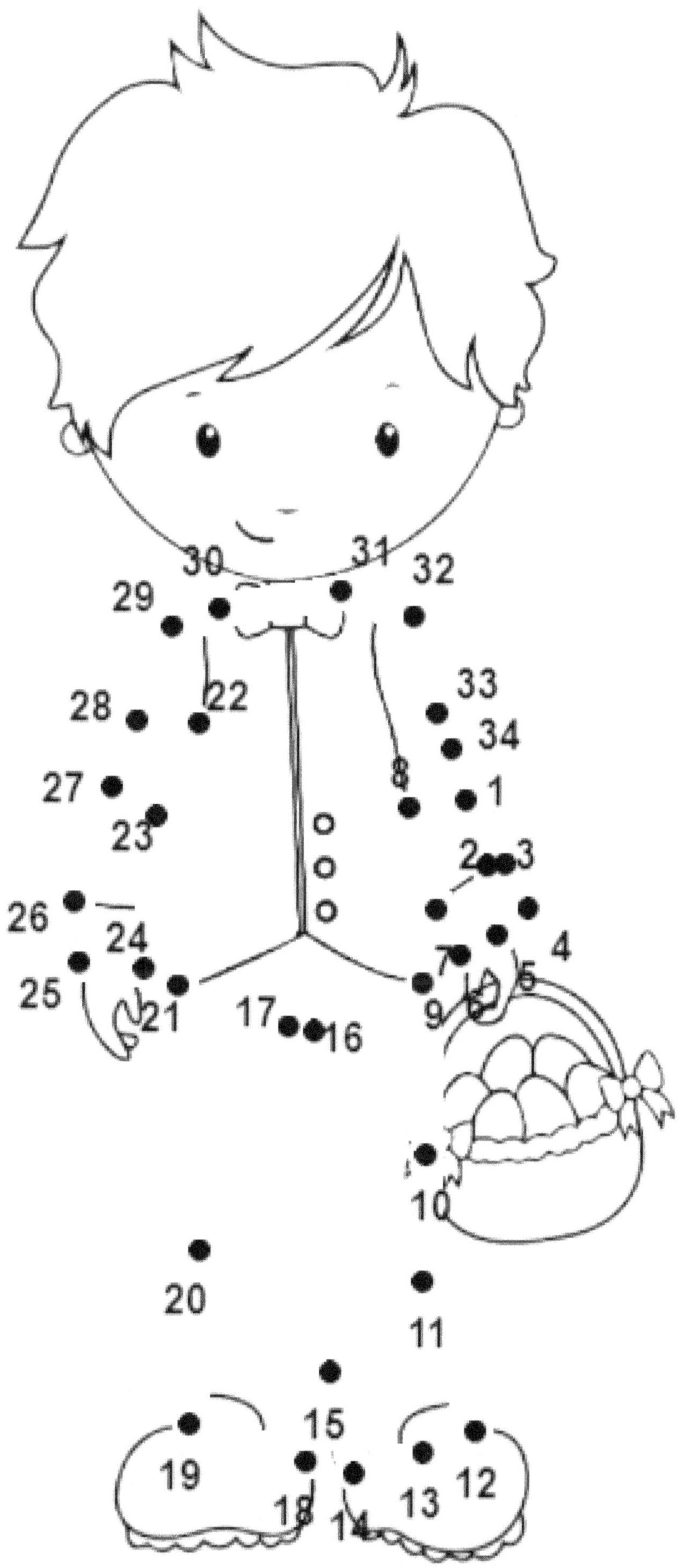

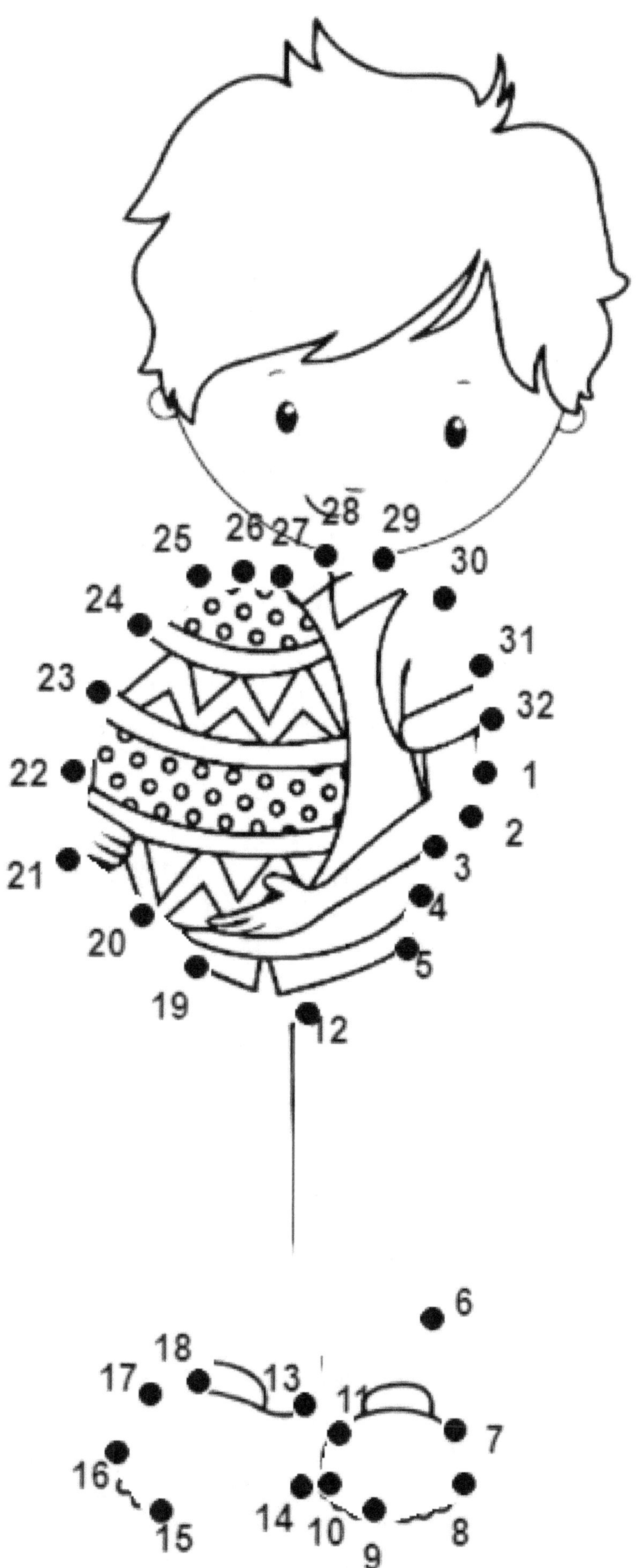

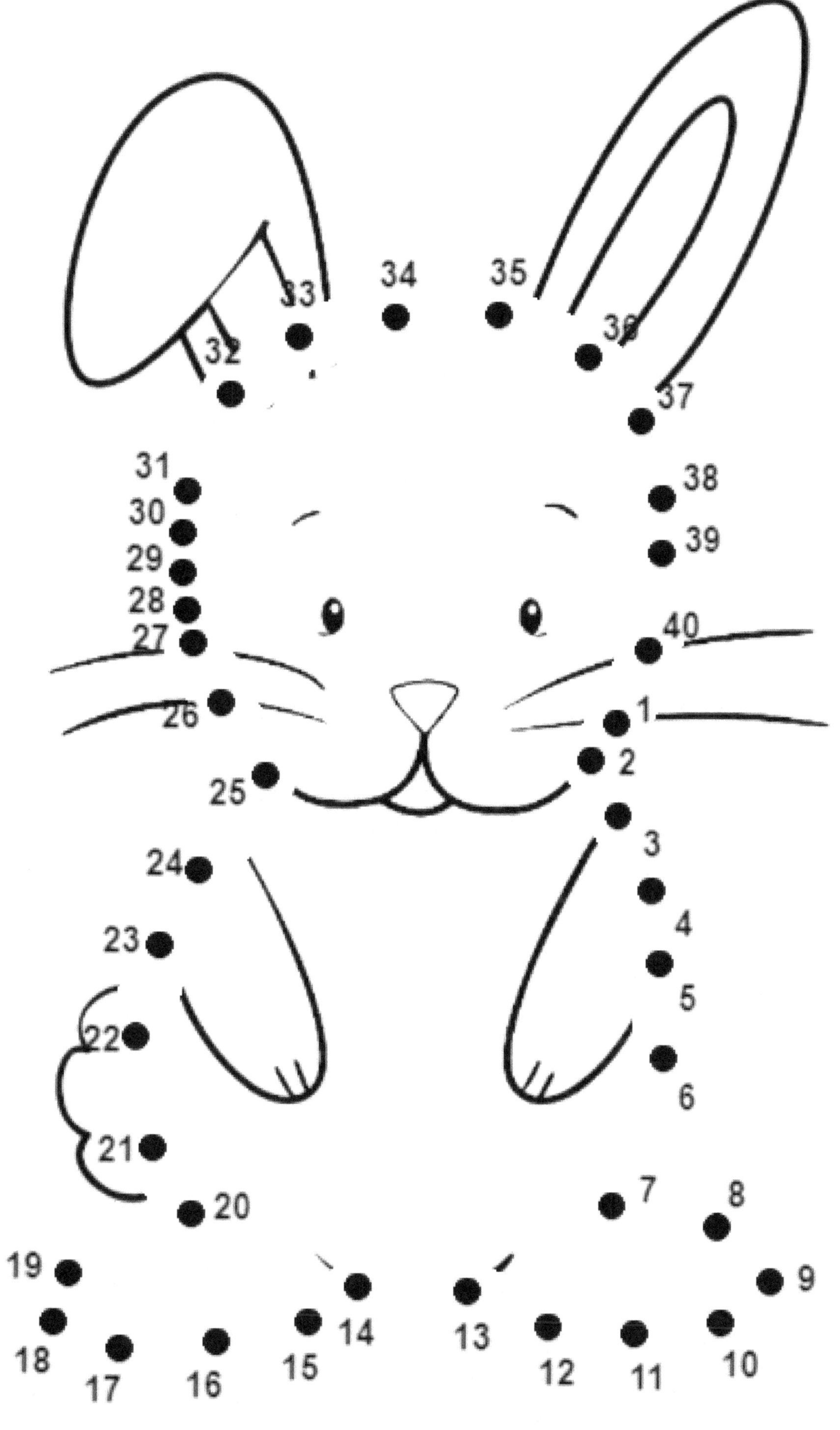

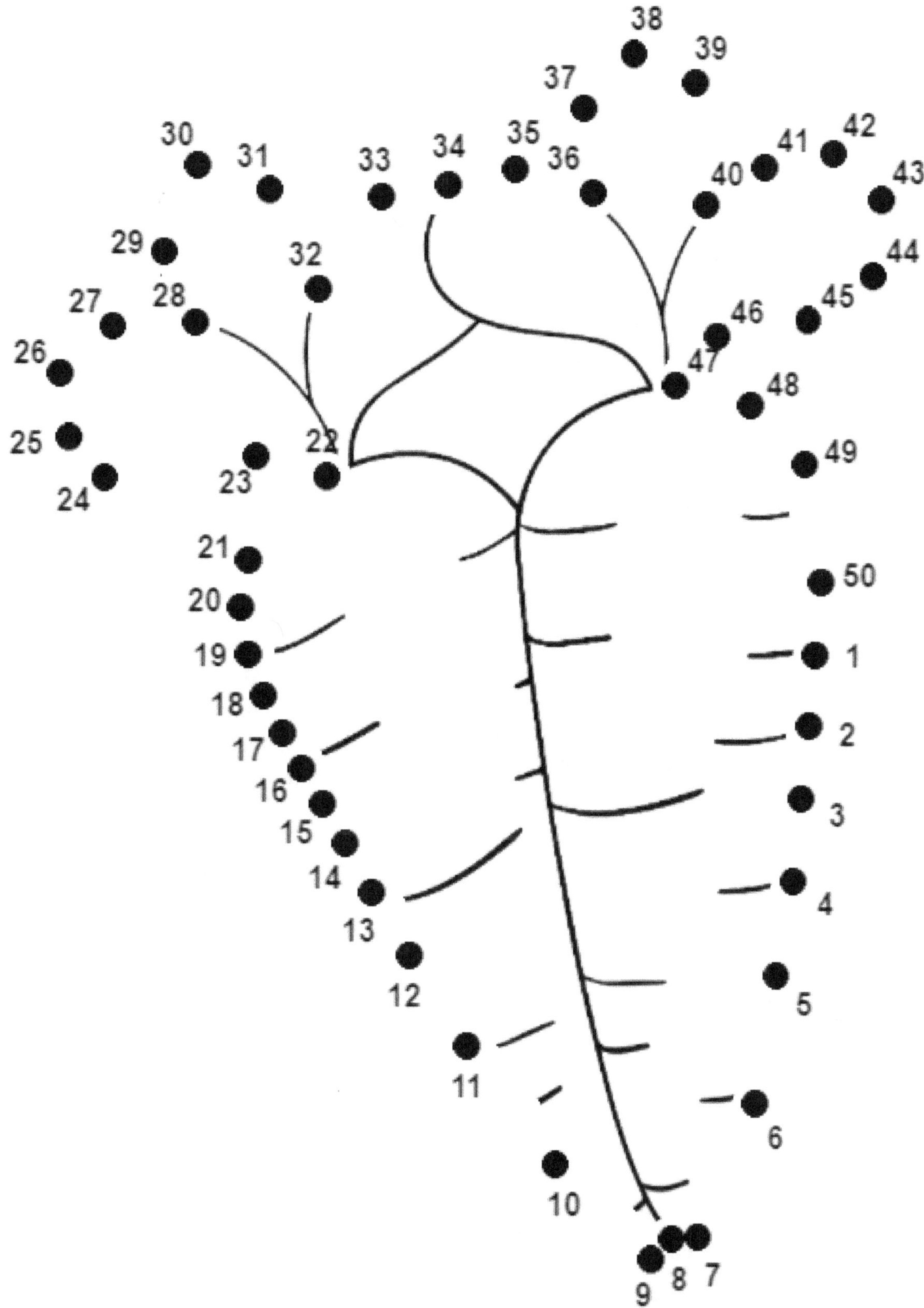

18
17
19
16
15
13
22
20
14
21
23
12
1
11
2
10
3
9
4
8
7
6
5

29
30
31
32
33
34
28
27
35
26
36
25
37
24
23
38
39
22
21
40
41
20
1
19
2
18
3
17
4
16
5
15
7
14
8
13
9
12
11
10

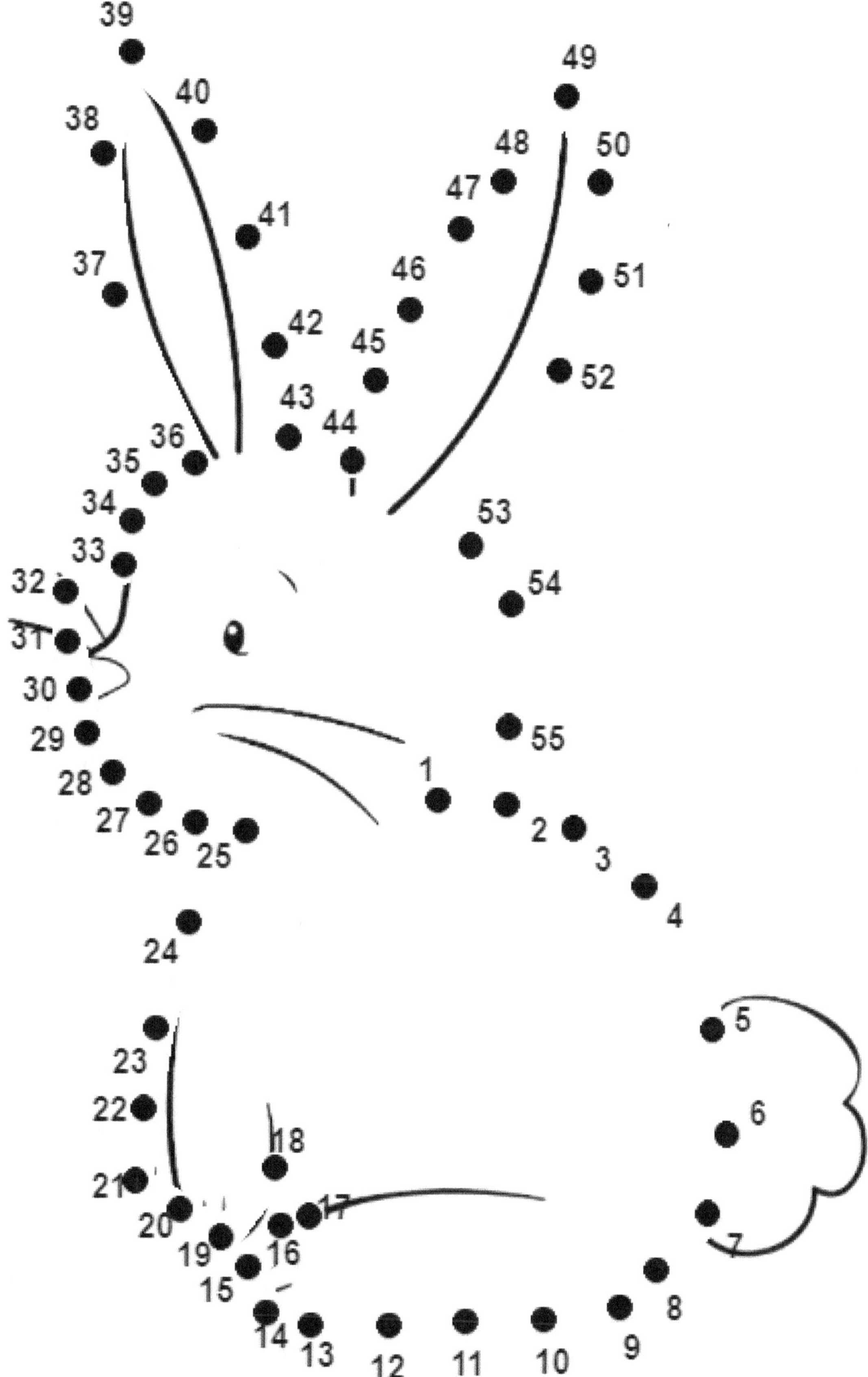

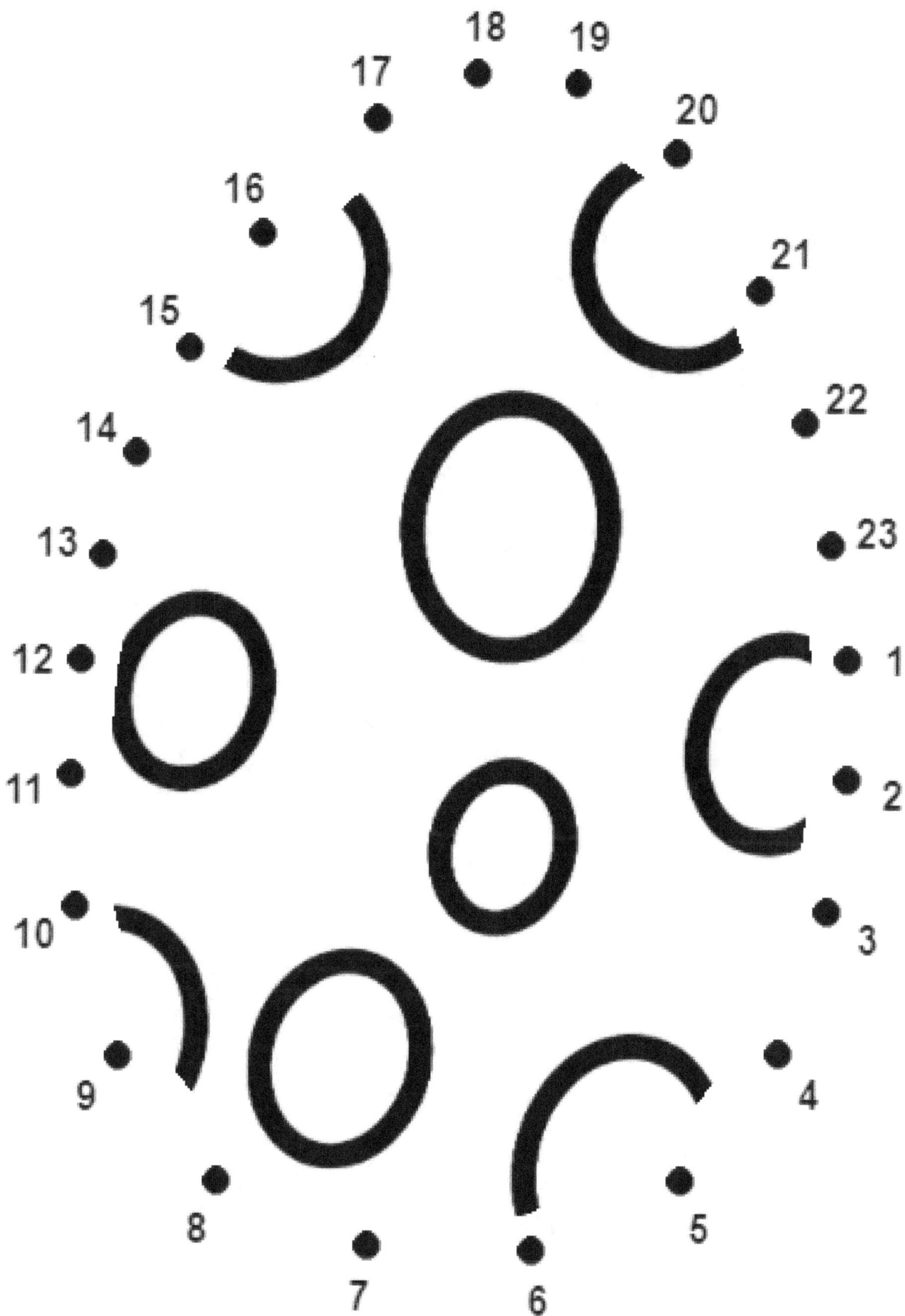

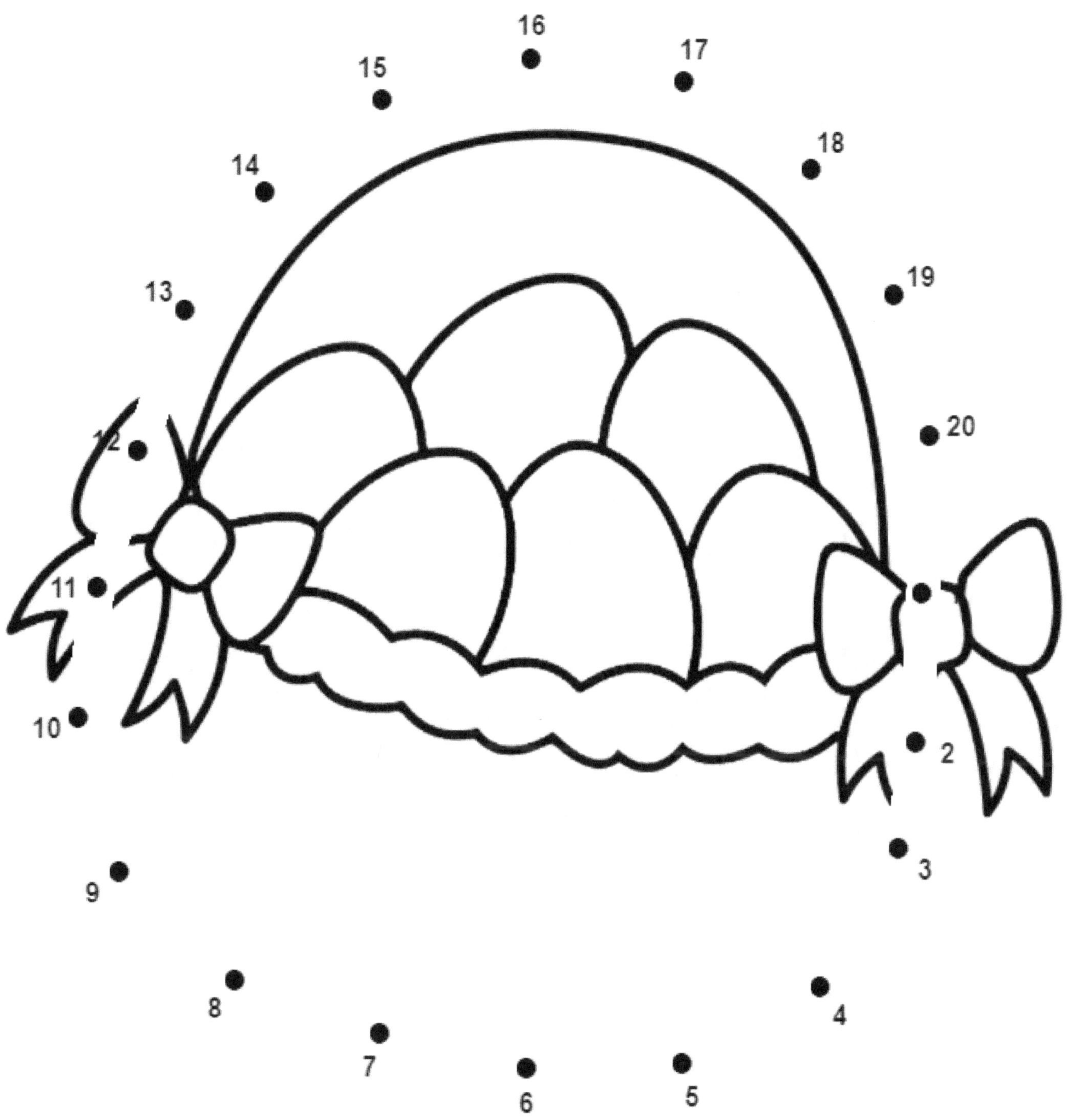

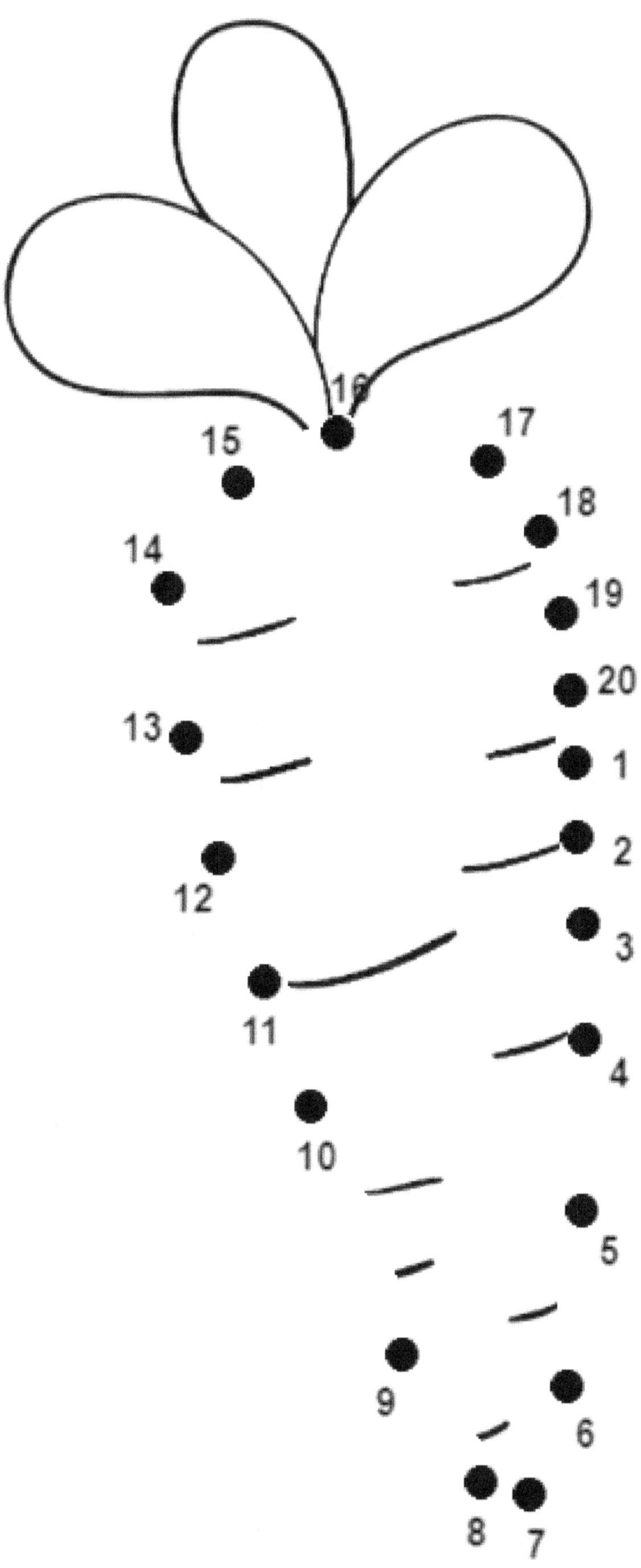

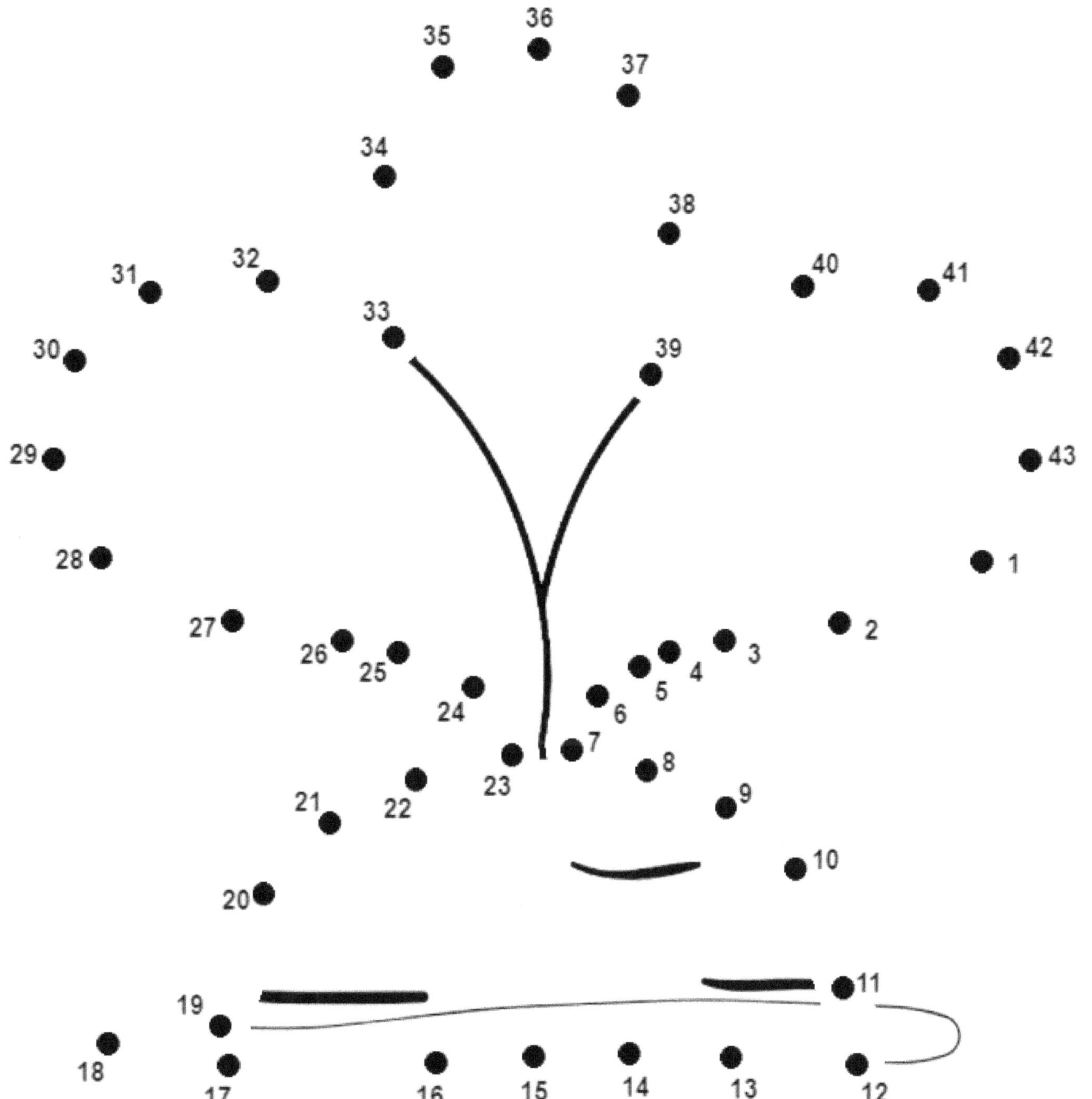

21
20
19
18
17
16
15
14
13
11
10
9
12
8
1
2
3
4
5
6
7

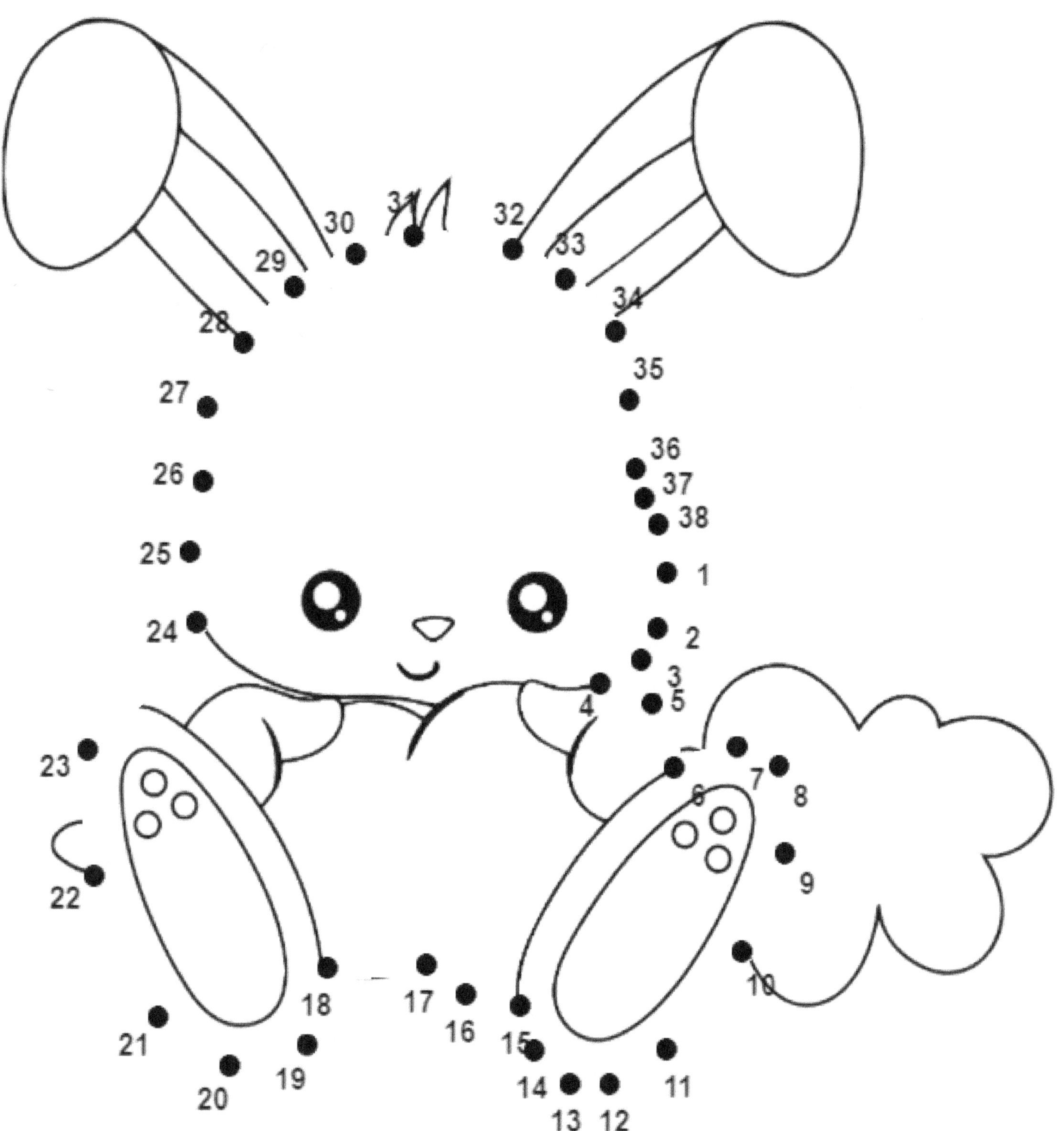

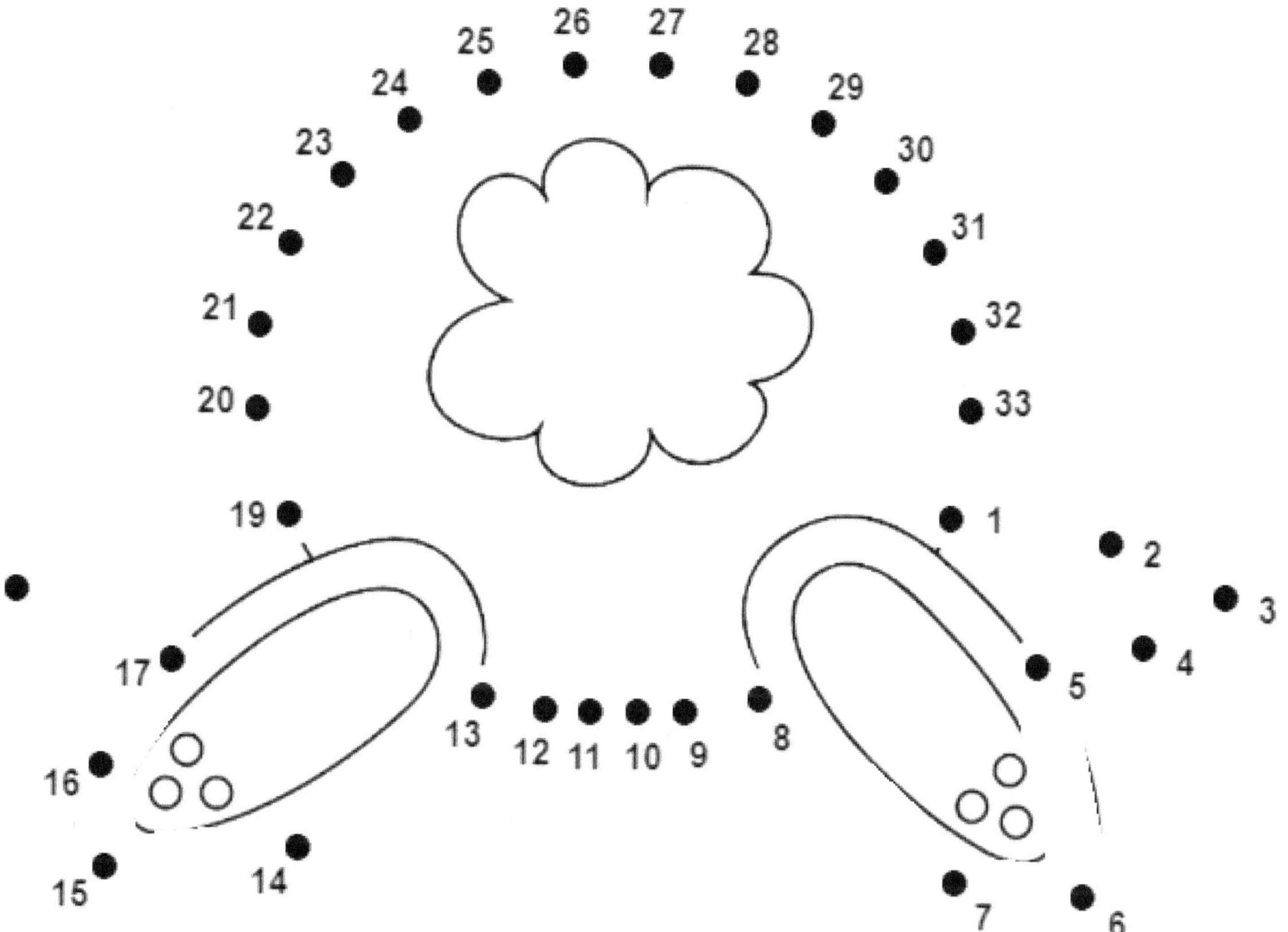

1
2
3
4
5
6
7
8
9
10
11
12
13
14
15
16
17
18
19
20
21
22
23
24
25
26
27
28
29
30
31
32
33

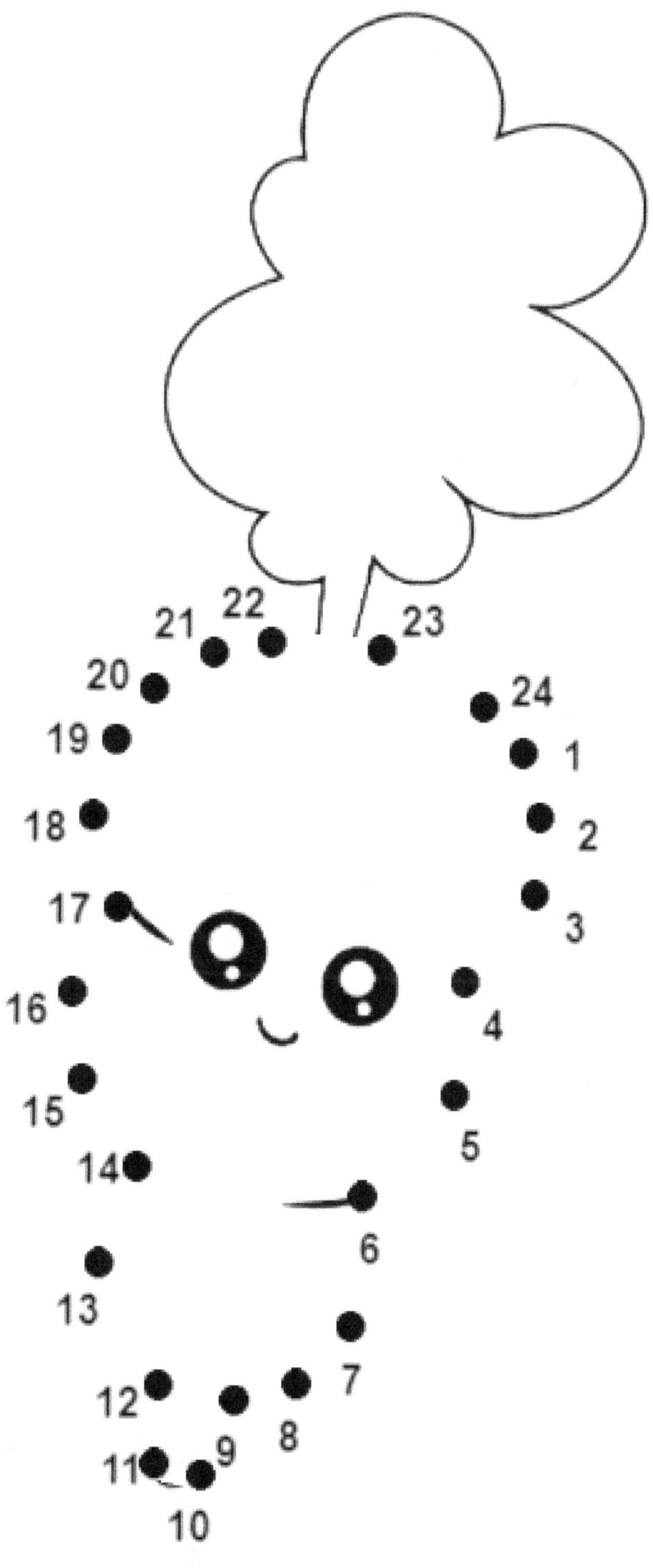

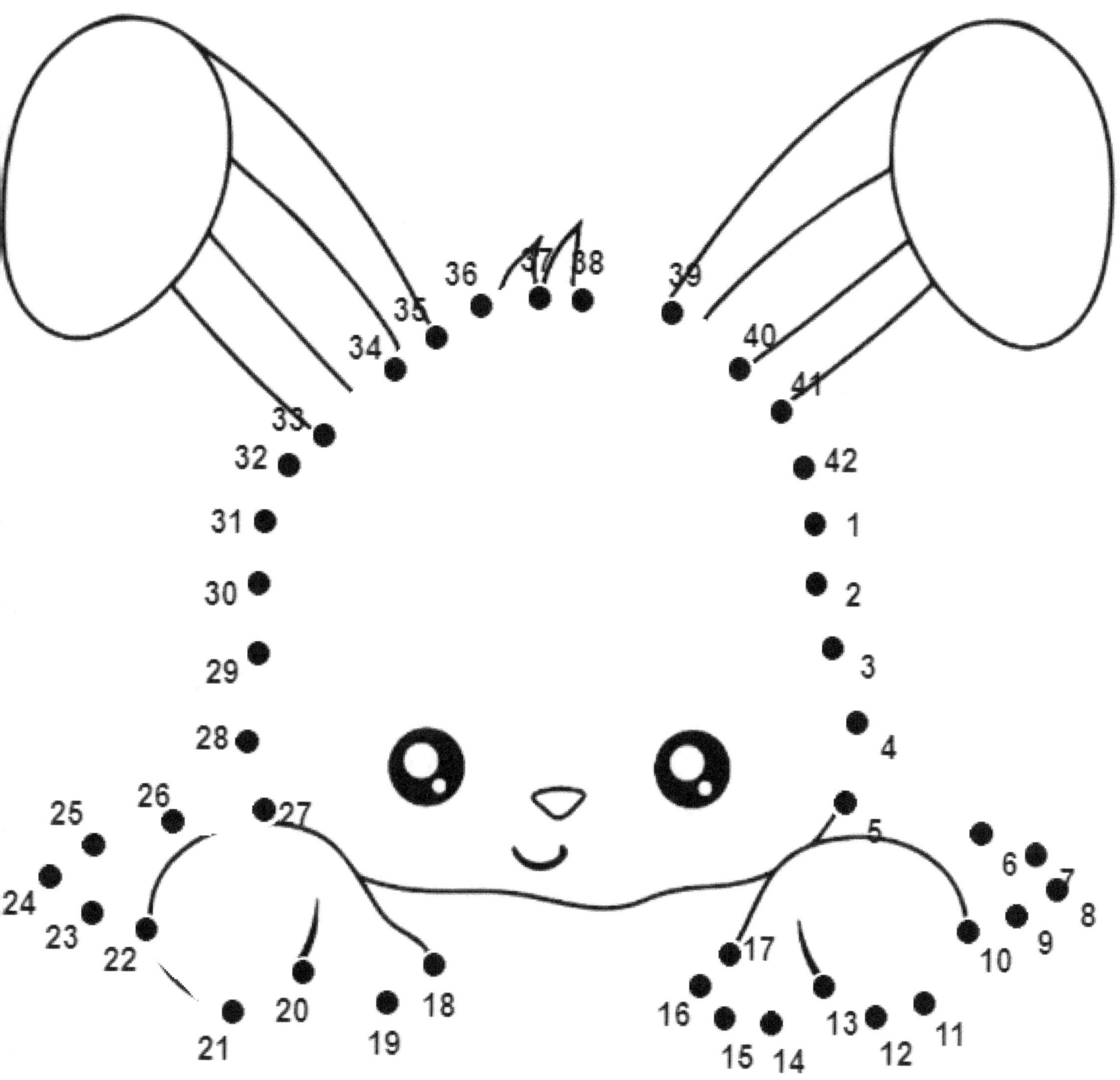

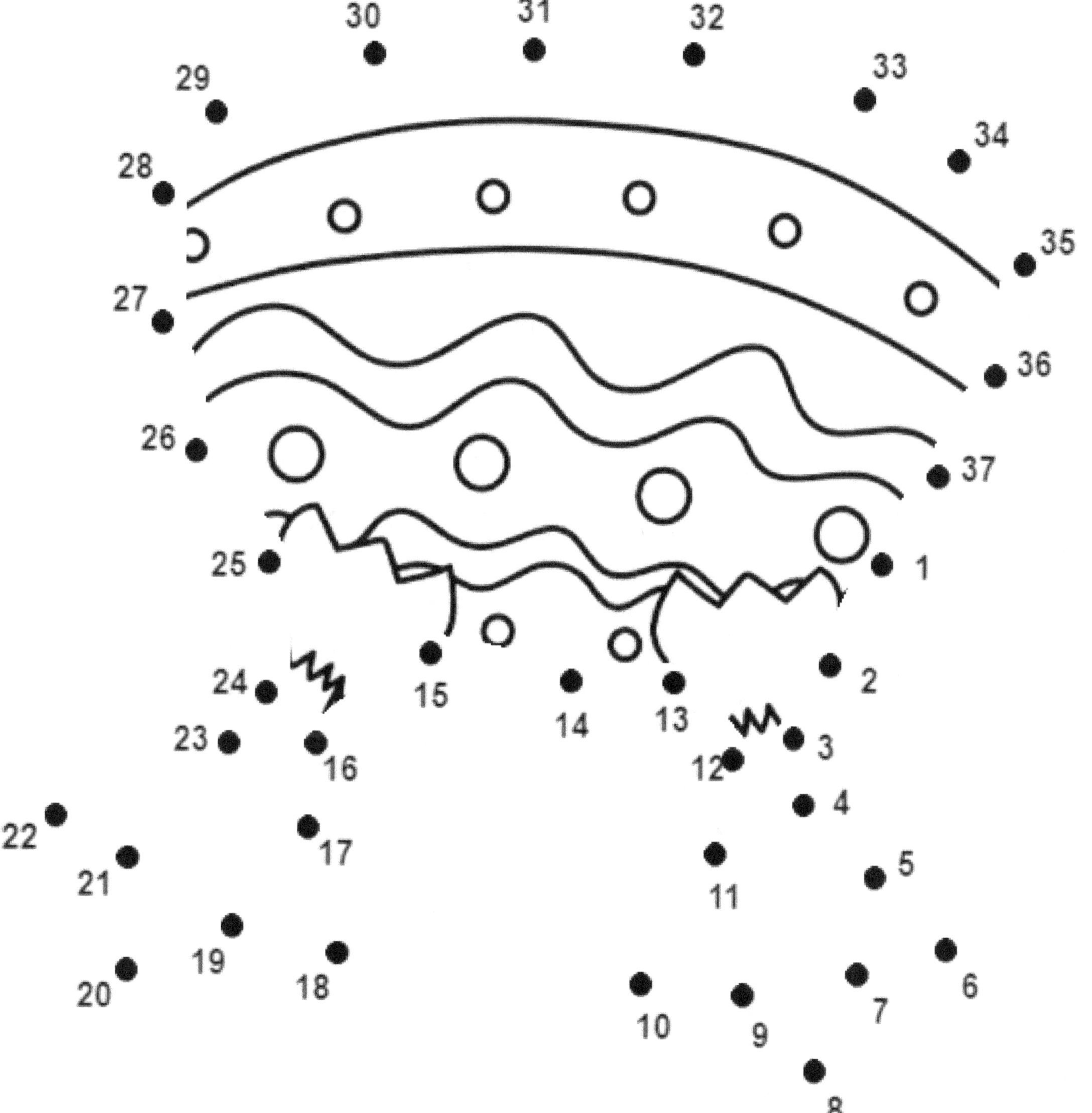

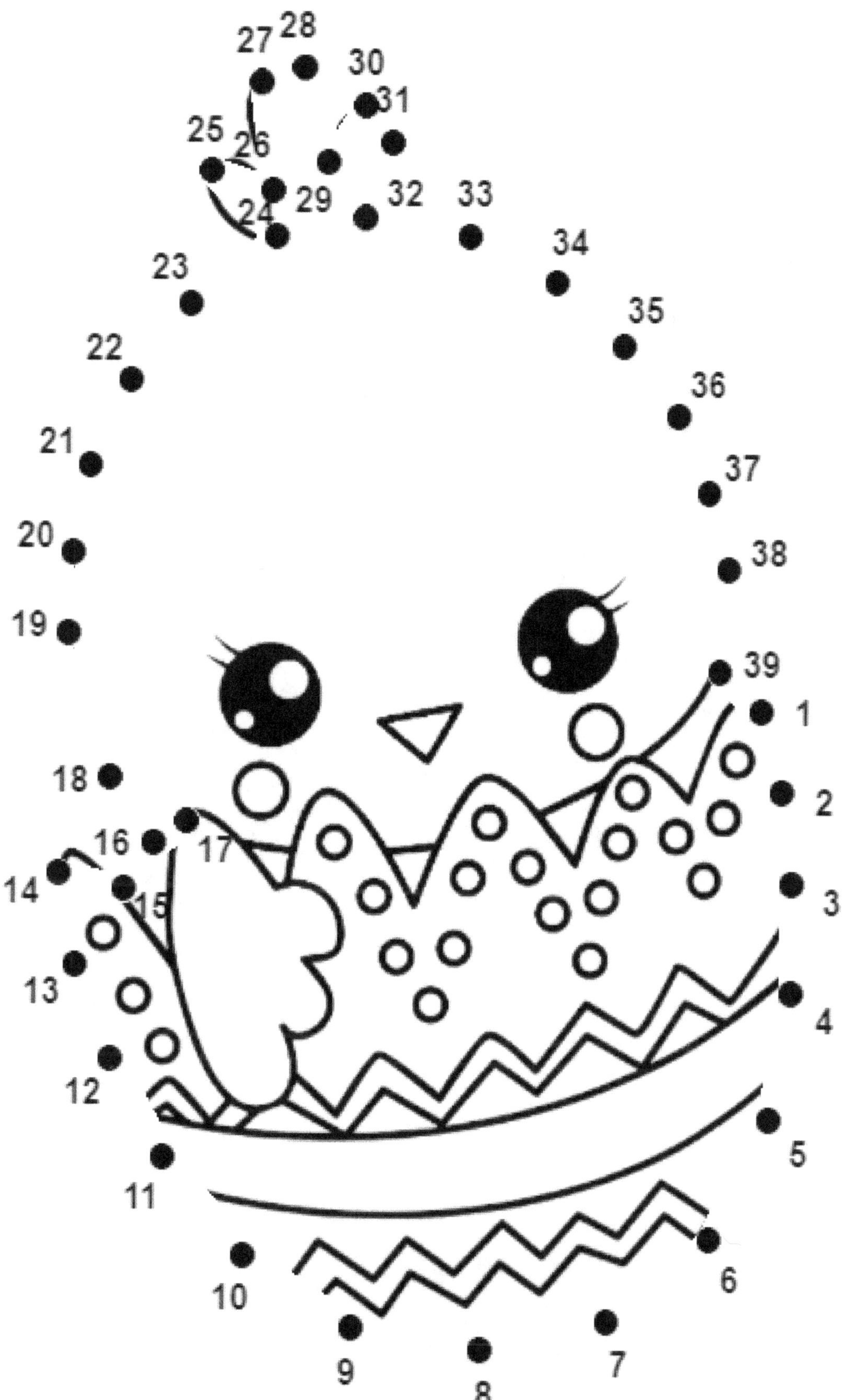

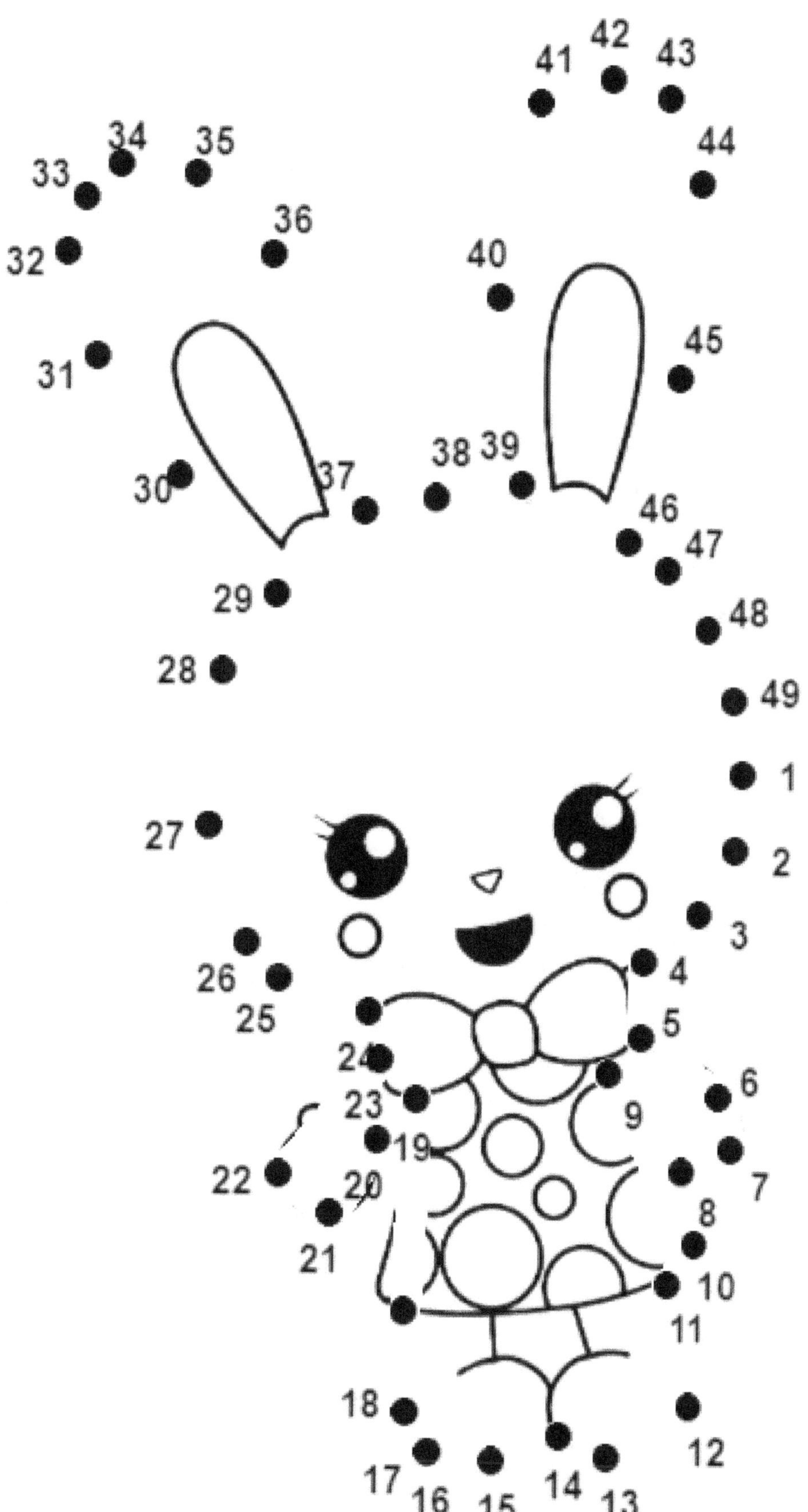

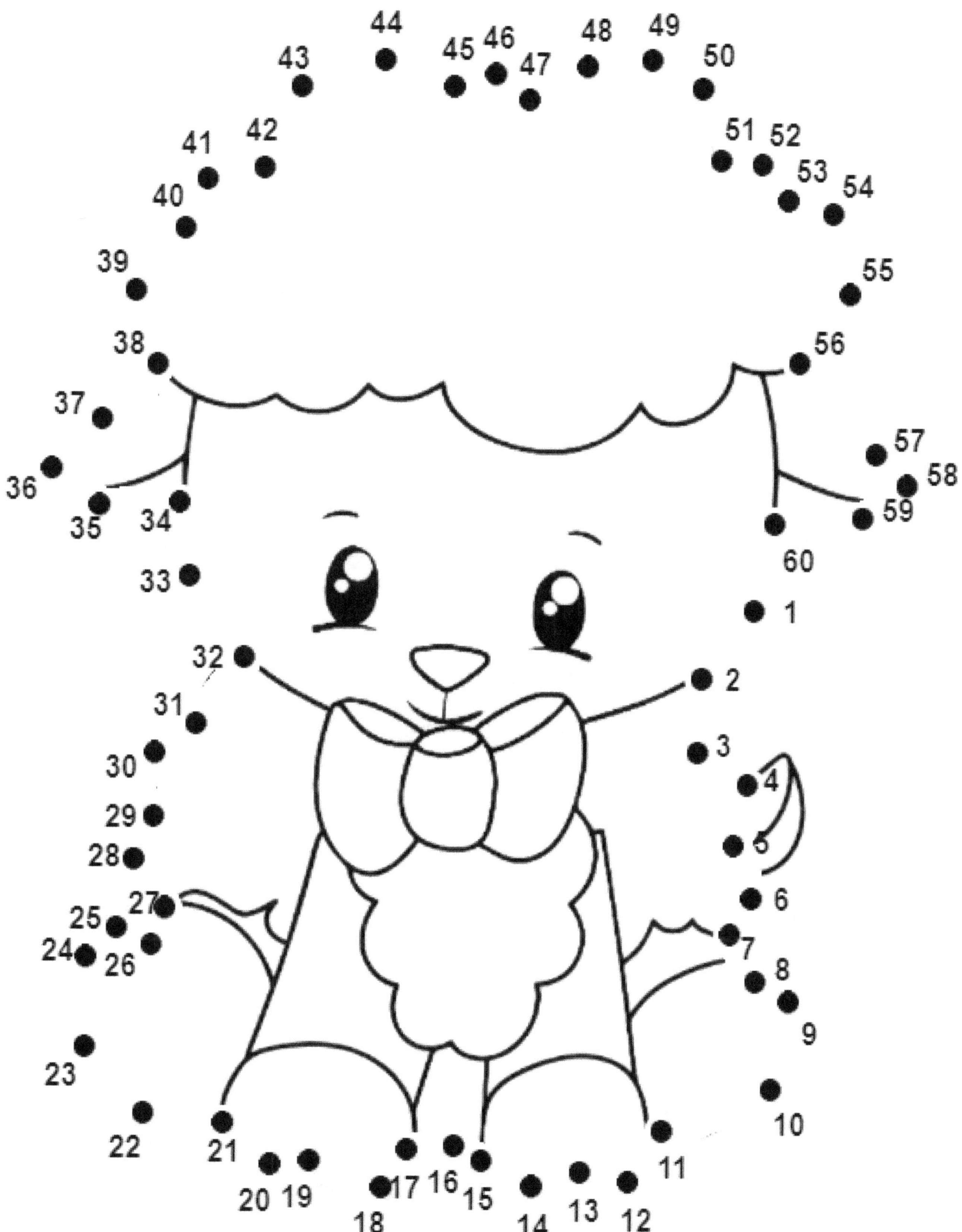